C000164355

Guía de Entrenamiento de Perros y Cachorros Para Niños

La Guía Paso a Paso Para Enseñar a los Niños Cómo Entrenar a sus Perros o Cachorros: Incluye el Entrenamiento Para ir al Baño, 101 Trucos Para Perros, Habilidades de Socialización, y Mucho más!

Lucy Williams

Tabla de Contenido:

Guía de Adiestramiento de Perros para Niños

Cómo entrenar a tu perro o cachorro para niños, siguiendo una guía paso a paso para principiantes: incluye entrenamiento para ir al baño, trucos para perros, habilidades para socializar y más

Por Lucy Williams

Contenido

Siéntate
Acuéstate
Quédate

Perro de circo

Giro
Rueda
Cuerpo a Tierra

Introducción

"Nadie te amará tan incondicionalmente como tu perro" ~ Anónimo

¡Tener un perro es uno de los mejores regalos y maestros de la vida! Tener un perro te enseña a ser cariñoso, desinteresado, responsable y a planificar.

Si ya tienes un perro o has decidido tener uno, es importante comprender que todos los perros son diferentes. Vienen en diferentes formas, tamaños y colores, y todos tienen sus propias personalidades, al igual que los humanos. Una gran diferencia entre perros y humanos es que los perros nunca se independizan, lo que significa que tendrás que cuidarlos durante toda su vida. Ahora bien, esto puede parecer fácil, pero recuerda que el perro promedio vive entre doce y quince años. Algunos viven incluso más que eso. Por lo tanto, es una responsabilidad muy grande y deberás proporcionarle a tu perro:

- Comida
- Refugio
- Ejercicio
- Estimulación mental
- Socialización
- Entrenamiento
- Atención médica
- Aseo
- Y tendrás que:
- Limpiar lo que ensucien
- Mantener sus ojos y dientes saludables
- Mantener sus uñas cortas
- Mantener sus oídos limpios y secos
- Enseñarles modales

Recuerda que siempre necesitan tener a alguien que los cuide cuando visites a tus amigos, te vayas de vacaciones, tengas una pijamada o viaje.

Entonces, si crees que estás listo para tener un verdadero mejor amigo de por vida, entonces es hora de comenzar.

Pero antes de sumergirnos en las cosas divertidas, como con todo, hay algunas reglas... Todos sabemos que las reglas nunca son divertidas, pero son importantes para garantizar que todos estén seguros, especialmente cuando se trabaja con perros. Así que echemos un vistazo.

Capítulo 1: Reglas importantes al trabajar con perros

Los perros son criaturas muy inteligentes, y debido a que son tan inteligentes, ¡pueden tener su propia mente! Esto significa que no siempre escuchan o comprenden lo que queremos que hagan. Podemos ayudarlos a comprender enseñándoles ciertas palabras y frases, pero, con el tiempo, ellos también nos han enseñado algunas cosas. Sabemos que todos los perros son diferentes, pero hay ciertas cosas que son iguales para todos los perros, sin importar su forma o tamaño. Hemos convertido las mismas en reglas para asegurarnos de que estemos seguros y de que tu perro se mantenga seguro y feliz.

Las normas

Analicemos y comprendamos por qué estas son las reglas:

1. **Mantén la calma alrededor de los perros.** Trabajar con un amigo peludo es muy emocionante, pero saltar, correr, gritar, vociferar, empujar o pinchar, tirar de las orejas y golpear a los perros en la espalda puede hacerlos sentir muy incómodos e infelices. También puede emocionarlos demasiado. Los perros no siempre saben lo grandes y fuertes que son, por lo que pueden saltar, morder, arañar o chocar contigo por accidente. ¡Desvíate con calma y tranquilidad!

2. **Deja solos a los perros que duermen/comen.** Tenemos que respetar a los perros cuando duermen y aceptar que puede que no quieran jugar cuando queremos; por ejemplo, cuando están comiendo, tenemos que dejarlos que terminen. Si se los molesta cuando duermen o comen, pueden sentirse incómodos y morder.

3. **Se siempre amable.** Siempre que toques o juegues con un perro, sé gentil y tócalo suavemente. Los perros son muy sensibles y, al igual que los humanos, tienen límites. Respeta el espacio personal del perro, lo que significa que no hay abrazos ni besos. (Esto es difícil porque así es como mostramos amor. Pero a un perro, puede hacerlo sentir muy incómodo, ansioso e infeliz).

4. **Nunca te acerques sigilosamente a un perro.** Este es un comportamiento muy irrespetuoso y puede asustar al perro. Si el perro se asusta, podría morderte o huir. Esto a menudo puede romper la confianza del perro.

5. **Nunca huyas de un perro.** Algunos perros pueden dar miedo y es posible que sientas que quieres huir. Pero si corres, el perro puede pensar que quieres jugar y podría perseguirte o saltar sobre ti, lastimándote accidentalmente. Más bien, quédate lo más quieto que puedas, mira al cielo y finge que eres un árbol. Si conoces el nombre del perro, dilo con calma. No grites ni chilles. Si tienes mucho miedo, puedes rodar como una bola en el piso con la cara hacia el suelo y los brazos alrededor de la cabeza, y pedir ayuda.

6. **Siempre pide permiso al propietario.** Si te encuentras con un perro o lo saludas, siempre pide permiso a ver si puedes saludar al perro. No todos los perros son amigables, por lo que es importante consultar primero con el propietario. Cuando saludes al perro o conozcas a un perro por primera vez, extiende la mano con la palma hacia abajo y no hagas contacto visual directo con el perro. (Ellos pueden ver esto como un desafío). Espera a que el perro se acerque a ti y te olfatee. Si comienza a mover la cola y su dueño da el visto bueno, puedes hacerle una suave caricia en la espalda. (No le des palmaditas ni le frotes la cabeza. Esto podría hacerlo infeliz). Recuerda no ponerte de rodillas ni sentarte ni tener la cara cerca del hocico del perro. Esto es para mantenerte a salvo en caso de que se asuste.

7. **Nunca te burles de un perro.** Las burlas pueden consistir en hacer muecas, tirar de la cola, del pelo o de las orejas, hacer ruidos que hagan que tu perro se sienta infeliz o fingir que les das algo y luego alejarlo antes de que el perro pueda agarrarlo. Hacer estas cosas irritará al perro y podría hacer que se sienta infeliz y enojado.

8. **Nunca te frustres ni te enojes con el perro después de que haya hecho algo.** A veces, los perros pueden hacer cosas que nos

hacen sentir infelices o incluso enojados, como morder tu par favorito de zapatos. Pero es importante no gritar, golpear ni enojarte con tu perro. (Después de todo, ¿quién fue el que no guardó los zapatos?). Enfadarse con un perro después de haber hecho algo malo no le ayudará a comprender que no debería volver a hacerlo.

9. **Los perros solo entienden lo que les enseñamos.** Recuerda que tu perro solo sabe lo que le enseñas, por lo que si él no entiende lo que quieres de inmediato, es posible que debas probar una forma diferente de enseñarle o necesita más práctica. Esta regla se aplica a las cosas que el perro debe hacer y lo que no debe hacer.

10. **Nunca arrojes cosas a tu perro, ni lo golpees ni lo empujes.** Cuando no estás contento o cuando estás enojado, no debes desquitarte con tu perro. Hacerles esas cosas a los perros puede hacerlos enojar, romper su confianza en ti y hacer que se sientan incómodos.

Parecen muchas reglas, pero son importantes. Si no las comprendes o si no estás seguro acerca de ellas, investiga un poco, e incluso podrías encontrar algunas cosas más importantes a tener en cuenta. Siempre que trabajes con un perro, la seguridad es lo primero: tu seguridad y la del perro.

Capítulo 2: Comportamiento del perro, problemas y soluciones

Para poder entrenar a tu perro, debes entenderlo. Desafortunadamente, no todos somos el Dr. Dolittle, por lo que no podemos hablar con nuestro perro y hacerle preguntas o explicarle las cosas que queremos que haga. Ellos tampoco pueden decirnos cosas. No poder comunicarse con claridad puede dificultar las cosas, pero los perros tienen su propia forma especial de hablar. Aunque los perros emiten sonidos como ladridos, aullidos, gruñidos, quejas, lloriqueos y bufidos, esta es su forma secundaria de comunicarse con nosotros. La forma principal en que nos dicen lo que está pasando es a través del lenguaje corporal. Usan sus colas, oídos, ojos, cuerpos y expresiones faciales para decirnos lo que sienten, quieren y necesitan. ¡Así que mantente atento a los indicadores corporales cuando pases tiempo con tu perro, entrenando, trabajado u observando desde la distancia!

La Cola

Las hay largas, cortas, rizadas y rectas. Mullidas, flacas, delgadas y gordas. ¡Algunas son irregulares, otras tienen rayas y algunas incluso pueden ser ambas cosas! La cola de un perro es una de sus mayores vías de expresión y puede decirnos mucho a los humanos sobre lo que sienten o piensan. La cola de un perro puede estar en muchas posiciones diferentes y moverse de diferentes maneras, y cada una puede significar algo específico.

- Cola en alto y quieta: alerta, interesado o dominante.
- Cola en alto y meneando: alerta, excitado.
- Cola entre las patas: temeroso, sumiso, esquivo o incómodo.
- Cola quieta y recta: interesado, inquisitivo, neutral.

¡Los diferentes tipos de meneos! Sí, hay más en un movimiento de cola que solo emoción, y una cola moviéndose no es necesariamente una cola feliz.

- Movimientos rápidos: emocionado, entusiasta.

- Movimientos lentos: pensando, menos interesado, feliz pero concentrado.
- Movimientos amplios: feliz.
- Movimientos pequeños: nervioso, ansioso, menos entusiasta.

Las Orejas

Después de la cola de un perro, sus orejas son la parte del cuerpo que más se mueve y pueden ser nuestro segundo mejor indicador de lo que un perro siente o piensa. Al igual que las colas, las orejas pueden tener todas las formas y tamaños, lo que puede hacer que sea un poco complicado ver en qué posición están. Si prestas mucha atención, verás que las orejas de un perro hacen mucho más que escuchar.

- Posición neutral de la oreja: Conocer la posición neutral de la oreja de tu perro te ayudará a identificar las otras posiciones. Las posiciones neutrales de las orejas varían según la raza, pero un truco rápido es mirar las orejas de tu perro cuando duerme.
- Orejas erguidas o alerta: Esto muestra que tu perro está emocionado, interesado, concentrado o escuchando un sonido en particular. (Una forma divertida de detectar la posición de esta oreja es hacer un sonido divertido que tu perro no haya escuchado antes. Por lo general, cuando haces esto, tu perro alzará las orejas e inclinará la cabeza de un lado a otro).
- Orejas ligeramente hacia atrás: Esto puede indicar que tu perro está relajado y amigable. También puede significar que tu perro se siente un poco triste o inseguro.
- Orejas deslizadas hacia atrás: Esto generalmente hace que un perro se parezca a un cachorro de foca o lo hace lucir como si no tuviera orejas en absoluto. Esta posición puede significar dos cosas. La primera es una versión menos dramática de esta posición, y normalmente la ves cuando pillas a tu perro haciendo algo que no debería, como

morder un par de zapatos. En este caso, las orejas significan que el perro es sumiso. La segunda es una oreja extremadamente deslizada hacia atrás que significa que tu perro está muy asustado, infeliz e incómodo.

- El cambio rápido: ¡Es cuando la posición de la oreja de tu perro cambia tan rápido que no puedes saber lo que está pensando! No entres en pánico cuando esto suceda. Simplemente significa que tu perro está un poco confundido y no entiende lo que tú quieres que haga.

Los Ojos

Todos hemos escuchado el dicho, "Los ojos son la ventana del alma", y con los perros, lo mismo ocurre. Tener una conexión fuerte con tu perro y hacer que se enfoque en ti a través de sus ojos puede ayudar a facilitar el entrenamiento. La mirada en los ojos de tu perro también puede mostrarte cómo se siente.

- Ojos muy grandes y redondos con blanco que se ve alrededor del exterior: A menudo llamado "ojo de ballena", se ve más comúnmente cuando el perro está estresado, incómodo o tenso.
- Pupilas dilatadas (pupilas pequeñas): Esto puede indicar estrés, excitación, ansiedad o miedo.
- Ojos entrecerrados: Normalmente ves esto cuando tu perro está holgazaneando al sol a punto de quedarse dormido. Sus ojos se vuelven almendrados y se ven un poco caídos. Esto significa que el perro está cómodo y relajado.
- Mirada fija intensa o concentrada: Esta es engañosa porque puede significar que tu perro está muy concentrando o que se siente agresivo. Así que asegúrate de observar los otros indicadores corporales para comprender mejor el estado de ánimo de tu perro.

El Cuerpo

La posición del cuerpo de un perro puede referirse a la forma en que está parado, moviéndose o incluso acostado. Hay cientos de posiciones diferentes, pero conocer las seis primeras te dará un buen punto de partida para comprender la forma en que tu perro se comunica.

Relajado y accesible:

- Cabeza alzada.
- Boca abierta y lengua ligeramente hacia afuera.
- Orejas erguidas y neutrales.
- Cola hacia abajo y relajada.
- Peso distribuido uniformemente en las piernas.

Si la posición de un perro cumple todos los puntos anteriores, se siente cómodo, relajado y confiado en su entorno. (Pero recuerda la regla: el hecho de que parezca relajado no significa que debas acercarte a él).

Alerta:

- Cabeza en alto.
- Orejas erguidas y hacia adelante (pueden moverse hacia un sonido).
- Cola en posición horizontal (puede estar rígida o moverse levemente de lado a lado).
- Ojos enfocados y amplios.
- Boca cerrada.
- El peso se desplazó ligeramente hacia las patas delanteras (inclinándose un poco hacia adelante).

A veces, puede ser difícil trabajar con un perro alerta, ya que este puede olvidar cómo escuchar cuando se concentra en su entorno. También pueden asustarse fácilmente, así que ten cuidado cuando te acerques a un perro alerta por detrás.

Dominante/Agresivo:

- Cabeza alzada.
- Cola en alto y erizada.
- Orejas hacia adelante.
- Boca abierta (encías y dientes visibles).
- El labio superior se puede retraer.
- Nariz arrugada.

- El peso se inclina hacia adelante y las piernas se ven muy rígidas.
- Estos son signos de un perro muy infeliz y peligroso. No intentes acercarte a un perro como este por tu cuenta.
- Estresado y angustiado:
- Cuerpo hacia abajo.
- Cabeza gacha.
- Orejas retraídas.
- Pupilas dilatadas o con ojos de ballena.
- Cola hacia abajo (posiblemente entre las patas).
- Jadeo excesivo.

Los perros que muestran estos signos se sienten incómodos, infelices, asustados o confundidos y deben manejarse con cuidado. Este comportamiento a menudo está relacionado con el estrés ambiental más que con una persona en particular.

Miedo extremo/sumisión total:
- Volteado sobre la espalda.
- Cabeza evasiva para evitar el contacto visual.
- Cola escondida.
- Orejas planas y retraídas.
- Boca cerrada.
- Ojos parcialmente cerrados/ojos de ballena.

Este es un perro que ha aceptado el dominio y está tratando de evitar la confrontación.

Alegría:
- Parte delantera del cuerpo pegada al suelo y trasero al aire.
- Cola hacia arriba y meneando.
- Orejas hacia arriba.
- Boca abierta.

Esta posición generalmente se mantiene durante unos momentos antes de que el perro empiece a correr o haga sprints cortos para mantenerse fuera de tu alcance, lo que indica un juego.

Una nota importante para recordar es que cada perro es único y, naturalmente, se comportará de manera diferente según su tamaño, raza, edad y personalidad. Las descripciones anteriores son una guía general para ayudarte a comprender mejor a los perros, pero la mejor manera de aprender es observar a tu perro e identificar sus propios comportamientos especiales que te dicen lo que siente y piensa.

El comportamiento

La lista de comportamientos que tu perro podría mostrar es casi interminable, pero en general, hay algunos problemas de comportamiento comunes que los perros pueden desarrollar. ¡Identificar estos comportamientos y saber cómo lidiar con ellos puede ayudarte y ayudar a tu perro!

Los diez problemas de comportamiento más comunes en los perros:

- Ladrar
- Masticar
- Escavar
- Ansiedad por separación
- Evacuación inapropiada
- Perseguir
- Morder
- Agresión
- Mendicidad
- Saltar

Si tienes un perro joven, es posible que no muestre ninguno de estos comportamientos, pero aun así podría desarrollarlos. Si tienes un perro que tiene problemas con estos comportamientos, investigarlos puede ayudarte a solucionarlos.

1. Ladrar:

Los perros utilizan los ladridos como una forma de comunicarse entre sí y con sus humanos. Ladran cuando están emocionados o felices, cuando nos advierten sobre algo sospechoso, cuando están enojados o, a veces, cuando se asustan. El ladrido es uno de los muchos sonidos vocales que hacen los perros y es completamente normal. Sin embargo, los ladridos excesivos pueden convertirse rápidamente en un mal hábito. Los ladridos excesivos pueden deberse a una variedad de razones, pero más comúnmente:

Aburrimiento: Si tu perro no está lo suficientemente estimulado, se aburrirá, al igual que tú. Los perros que ladran por aburrimiento a menudo lo hacen porque tienen demasiada energía o porque sus cerebros no piensan lo suficiente. Puedes solucionar este problema asegurándote de que tu perro haga la cantidad correcta de ejercicio, preparándole juegos y rompecabezas, y pasando una buena cantidad de tiempo de calidad con él.

Ansiedad por separación: Algunos perros se sienten incómodos si se les deja solos. Esto podría deberse a muchas razones, pero es importante enseñarle a tu perro cómo ser feliz por su cuenta. Puedes hacer esto saliendo por períodos cortos de tiempo y, cuando regreses, asegurarte de permanecer tranquilo y feliz. Felicita a tu perro y dale atención para reforzar que estás feliz de haber vuelto. Gradualmente, auséntate un poco más cada vez, hasta que tu perro se sienta cómodo. También puedes asegurarte de que tenga cosas seguras para masticar, rompecabezas para resolver y un área para dormir o quedarse donde se sienta seguro cuando tú no estés allí.

Miedo: Al igual que los humanos, los perros pueden tener miedo a muchas cosas. A veces, le han sucedido cosas malas al perro en su pasado, o puede que simplemente sea cauteloso por su naturaleza. Los perros temerosos generalmente ladran a otras personas, perros y ruidos. A veces incluso ladran porque le tienen miedo a la oscuridad. Estos miedos que tiene un perro normalmente se deben a un problema de socialización, que veremos más adelante en el libro.

Comportamiento territorial: Los perros naturalmente quieren proteger lo que consideran que es "su" lugar. Por lo tanto, pueden ladrar a las personas u otros perros que se acercan a la casa o, a veces, incluso a una habitación o área en particular de la casa. En el comportamiento normal, esto es natural, pero si se vuelve habitual, es posible que debas "reprogramar" a tu perro y ayudarlo a comprender que no todos los extraños son una amenaza. Esto se puede hacer pidiendo a los visitantes que le ofrezcan un premio a tu perro cuando se acerquen y esperando que el perro se acerque a ellos. De esta manera, tu perro aprenderá que si está callado y recibe amablemente a los visitantes, recibirá un premio.

2. Masticar:

Tener un perro es una de las formas más rápidas de aprender a ser ordenado. Los perros, sin importar su edad, fácilmente considerarán un par de zapatos o baratijas para niños como su nuevo juguete para masticar. Masticar es una actividad muy importante para los perros porque ayuda a mantener sanos sus dientes y encías. También proporciona una estimulación importante. Sin embargo, la masticación destructiva puede ser un gran problema, y un perro feliz al masticar puede causar mucho daño dentro y alrededor de la casa. Los perros mastican porque están aburridos, ansiosos o poco estimulados. Los cachorros mastican cuando pierden los dientes de leche o cuando sienten curiosidad por un objeto. Para evitar una masticación destructiva, debes asegurarte de que tu perro tenga suficientes artículos para morder que sean seguros para masticar. A continuación, se presentan algunas ideas para comenzar, pero recuerda ser creativo y encontrar cosas que tu perro disfrute.

- Juguetes alimentadores (Kong, dispensadores de comida)
- Juguetes con textura (cuerdas, pelotas puntiagudas, juguetes chirriantes)
- Masticadores aptos para perros
- Frutas y verduras congeladas (asegúrate de usar solo frutas y verduras aptas para mascotas como zanahorias, pepinos, bayas y mangos. Tu veterinario local podrá proporcionarte una lista de alimentos seguros).
- Juguetes de cuerda refrigerados

Dato curioso: Los cachorros pierden los dientes de leche entre los tres y los seis meses. Durante este tiempo, serán más propensos a masticar porque les pican y duelen las encías. Darles cosas frías para masticar ayudará a aliviar el dolor.

3. Escavar:

La excavación es un comportamiento instintivo de los perros, y para algunas razas, como los Terriers, forma parte de su genética. La mayoría de los perros cavarán en algún momento u otro, pero cuando llegue a las flores de mamá, es posible que debas idear un plan. Los perros cavan por muchas razones, como cuando quieren enterrar algo, visitar a los vecinos o cuando están aburridos, frustrados o ansiosos. El problema de prevenir la excavación es que el comportamiento es natural para los perros. Entonces, si tu perro es un cavador, en lugar de intentar detenerlo, crea un espacio para cavar y enséñale a cavar en ese lugar especial. Puedes usar una vieja caja de arena o elegir un lugar en la parte trasera del jardín. Limpia el área y entierra algunos juguetes viejos y golosinas allí. Esto ayudará a motivar al perro a cavar en esa área en lugar de entre las rosas de mamá.

4. Ansiedad por separación:

La ansiedad por separación es un problema complicado que puede ser muy difícil de manejar para un perro. Los perros que tienen ansiedad por separación presentan dificultades para estar solos, pero específicamente cuando no tienen a sus dueños. Pueden volverse destructivos o anormalmente vocales una vez que el dueño se va, y este comportamiento malo o no deseado puede durar todo el tiempo que el dueño esté ausente. La ansiedad por separación también puede estar presente cuando el propietario está en casa. En estos casos, el perro siempre querrá estar con el dueño y seguirlo constantemente. Querrá tocar al dueño tanto como sea posible. La causa de la ansiedad por separación puede provenir de diferentes experiencias que ha tenido el perro en su vida y debe ser tratada por un profesional.

5. Evacuación inapropiada:

Probablemente, uno de los problemas de conducta más frustrantes es cuando un perro tiene un accidente en el momento o el lugar equivocado. Esto puede causar daños en la casa, hacer que no seas bienvenido en algunos lugares y ser muy difícil de manejar. Si esto es algo que notas en tu perro, primero debes verificar con tu veterinario que no existe una razón médica para el comportamiento. Si tu perro está sano, entonces podría estar teniendo estos accidentes porque está asustado, ansioso o territorial, o no ha sido educado adecuadamente en la casa. Los cachorros naturalmente tendrán estos accidentes hasta que estén entrenados para ir al baño y sean un poco mayores, pero los perros adultos deben sentirse cómodos saliendo afuera. Si el problema se agrava, debes comunicarte con un especialista para que te ayude a reacondicionar a tu perro.

6. Perseguir:

Al igual que cavar, a los perros les encanta perseguir cosas: juguetes, pájaros, casi cualquier cosa que se mueva. Desafortunadamente, muchas cosas peligrosas como automóviles, bicicletas y otros perros también pueden convertirse en cosas que a tu perro le guste perseguir, y esto puede hacer que el perro se lastime. Ahora, es posible que no puedas evitar que un perro quiera perseguir cosas, pero puedes asegurarte de que tu perro se mantenga seguro.

- Enséñale a concentrarse en ti y a ignorar las distracciones.
- Siempre tenlo sujeto con una correa segura cuando estés cerca de la carretera.
- Enséñale a no salir corriendo a través de puertas y portones abiertos.
- Enséñale un buen comando de recuperación.

Si vas a dejar a tu perro sin correa, siempre revisa tu entorno en busca de posibles cosas que puedan ser peligrosas para él, como agujeros en la cerca, automóviles o bicicletas en movimiento, perros de aspecto antipático o puertas abiertas.

7. Morder:

Los perros jóvenes y los cachorros muerden y muerden como una forma de explorar su entorno. Es un comportamiento normal y natural. Como propietarios, les enseñamos algo llamado inhibición de la mordedura, lo que significa que les mostramos cuando muerden demasiado fuerte o muerden cuando no deberían. A medida que crecen, deben dejar de mordisquear, pero si este comportamiento continúa, podría ser porque el perro se siente amenazado o nervioso. También puede ser porque sienten dolor o están tratando de defender a alguien o algo. Encontrar la razón por la que el perro muerde es importante para que sepas cómo solucionarlo. Un perro que quiere morder puede ser peligroso, por lo que es mejor buscar un adiestrador profesional para que te ayude.

8. Agresión:

La agresión es similar al morder, porque los perros que son agresivos pueden morder, pero la agresión también puede ser gruñir, rezongar, mostrar los dientes, morder, ladrar agresivamente y arremeter. La agresión es un problema muy grande y puede ser muy peligroso. Los perros pueden volverse agresivos debido a cosas que les han sucedido, cuando se asustan mucho o si se sienten amenazados. Nunca debes lidiar con un perro agresivo por tu cuenta y siempre debes tener un entrenador profesional o conductista que te ayude a hacer que el perro se sienta seguro y cómodo.

9. Mendicidad:

Todos conocemos los "ojos de cachorro" que nos muestran los perros cuando comemos o cuando quieren algo. Los perros no solo piden comida, también piden juguetes y atención. Mendigar es un mal hábito que muchas veces premiamos sin darnos cuenta. Podemos decir "Está bien, solo por esta vez" y compartir nuestra comida con el perro, o el perro traerá su juguete y no podremos jugar. Pero luego lo tiramos porque nos sentimos mal o porque queremos que el perro se vaya. Esto puede convertirse fácilmente en un hábito de nuestra parte y motivar al perro a seguir mendigando.

10. Saltar:

Si te pones a cuatro patas y ves el mundo desde el punto de vista de tu perro, es fácil entender por qué saltan. Casi todo lo interesante es más alto que ellos o más alto de lo que pueden ver. Los perros saltan para ver mejor, cuando se emocionan o cuando quieren saludar a alguien. Desafortunadamente, un perro que salta puede ser peligroso. Pueden atropellar a las personas, empujar cosas de la mesa o lastimarse.

La mejor manera de lidiar con un perro saltador es no hacer nada. Esto suena gracioso, pero es para ignorar por completo al perro. No digas nada. No hagas contacto visual ni hables con él. Gira tu cuerpo o aléjate si es necesario. Una vez que el perro se relaje y deje de saltar, puedes recompensarlo. De esta forma, el perro aprenderá que, si mantiene la calma, obtendrá la atención que desea.

Los problemas de comportamiento, los malos comportamientos o los déficits de comportamiento siempre provienen de algún lado. Los perros no nacen asustados ni ansiosos. No muerden porque les apetezca. La mayoría de los problemas de comportamiento que tienen los perros provienen de una socialización incorrecta o una falta total de socialización. La razón de esto es que, como propietarios, no sabemos qué es ni qué tan importante es. Todos queremos que nuestros perros sean felices, equilibrados y amigables. Para que nuestros perros sean así, tenemos que enseñarles.

Capítulo 3: Socialización

Al igual que los humanos, los perros atraviesan varias fases en sus vidas. Aprenden a través de las experiencias que tienen con diferentes personas, lugares y cosas. Algo que a menudo olvidamos como dueños de perros es que el mundo de nuestro perro es tan grande como lo hacemos. Solo comprenderán y experimentarán lo que les mostramos. Las buenas y las malas experiencias están todas controladas por nosotros y nuestras reacciones.

Pero, ¿qué significa la socialización? Socializar para nosotros puede significar reunirnos con nuestros amigos o familiares o ser invitados a una fiesta. Para un perro, es mucho más que ir a una cita para jugar con otros cachorros en el parque. La socialización es preparar a tu perro para que se sienta cómodo y confiado en diferentes lugares, que acepte interacciones con las personas y se sienta cómodo con diversas actividades.

¿Cuándo puedes socializar a tu perro? Mencionamos anteriormente que los perros pasan por diferentes fases en sus vidas, y una de esas fases se llama "el período sensible". Esta etapa se sitúa normalmente entre las siete y las dieciséis semanas de la vida de un cachorro, y es el momento ideal para socializar a un perro. La razón por la que este es un buen momento es porque el perro aún no ha desarrollado miedo. Cuando un perro no tiene miedo, es más fácil que se sienta cómodo y aprenda libremente. Desafortunadamente, los perros solo se quedan cachorros por un período de tiempo muy corto, y es posible que tu perro ya sea un poco mayor. Esto no significa que no se puedan socializar. Solo significa que podría llevar un poco más de tiempo.

¿Por qué es importante la socialización? La socialización es una de las cosas más importantes que puedes hacer para asegurarte de que tu perro esté feliz, sano y bien equilibrado. Los perros que están poco socializados y subexpuestos pueden desarrollar problemas de salud física y mental. Estos perros pueden sufrir ansiedad, miedo, altos niveles de estrés y depresión, y pueden tener dificultades para estar alrededor de otros perros y personas. La socialización deficiente también puede provocar problemas de comportamiento como agresión, mordiscos, evacuación inadecuada y ansiedad por separación.

¿Cómo beneficiará la socialización a mi perro? Socializar no tiene ningún inconveniente si se hace correctamente. Los perros bien socializados tienen más confianza y pueden lidiar mejor con situaciones incómodas. Visitar al veterinario es fácil porque el perro no teme a la gente nueva ni a los olores. Ir al parque es divertido porque el perro disfruta del paseo en automóvil, juega con los otros perros y confía en estar en un lugar que no conoce. Cuando los amigos y la familia vienen de visita, todos lo disfrutan porque el perro está feliz, se porta bien y se siente cómodo. Médicamente, tu perro tendrá hormonas bien equilibradas porque no se estresará tanto.

¿Cómo socializo a mi perro? La mejor manera de socializar a tu perro es tener un buen plan. Así que toma papel y lápiz y empieza por hacerte estas preguntas:

Hemos dado ejemplos de respuestas en azul.

¿Están actualizadas las vacunas de mi perro? **Sí.** (Esto es importante para la salud general de tu perro, pero cuando socializa, te aseguras de que tu perro no se enferme o que otros perros se enfermen).

¿Por qué quiero socializar a mi perro? **Quiero socializar a mi perro porque es mi mejor amigo y quiero que pueda ir conmigo a todas partes.** (Comprender por qué quieres socializar a tu perro te ayudará a elaborar una lista de verificación).

¿Hay algo a lo que mi perro tema? **Sí, los ruidos fuertes le dan miedo.** (Si sabes a qué le tiene miedo tu perro, entonces sabrás qué cosas serán más difíciles para él).

¿A mi perro le gustan las golosinas o prefiere los juguetes? **Le encantan las salchichas.** (Saber con qué le gusta que lo recompensen es importante porque así sabrá que ha hecho un buen trabajo).

Ahora que has hecho un poco de tarea, ¡estás a un paso de crear tu lista de verificación de socialización!

El último paso es comprender las pautas que ayudarán a garantizar que tu perro tenga una experiencia de aprendizaje positiva.

1. Si la actividad o ejercicio que deseas hacer con tu perro es en un lugar público (por ejemplo, enseñarle a tu perro a subir escaleras o subir en un ascensor), asegúrate de tener permiso para estar allí y de llevar los artículos de limpieza adecuados contigo en caso de que tu perro tenga un accidente.

2. Comprueba el comportamiento de tu perro cuando le pides que haga algo o se acerque a algo de lo que no está seguro. Toma las cosas a su ritmo y celebra las pequeñas victorias. Si hoy subió un escalón más que ayer, ¡todavía cuenta como progreso!

3. Se realista en tus expectativas.

4. Toma las cosas con calma. Socializar no es una carrera, y se debe tener cuidado para mantener al perro cómodo en todo momento.

5. Empieza en la zona de confort de tu perro. Por ejemplo, si tu perro no está seguro de estar cerca de un paraguas abierto, en lugar de acercarlo a él y hacerlo sentir ansioso y asustado, comienza imaginando un objetivo de diana en el suelo con el paraguas en el medio. Los anillos de tu diana deben estar separados por aproximadamente un metro (3 pies) y tener entre cinco y ocho anillos. Vas a caminar en círculo alrededor del objeto, comenzando en tu círculo más grande y vigilando a tu perro todo el tiempo. Una vez que hayas hecho una vuelta, acércate gradualmente un círculo. Continúa haciendo esto hasta que notes que tu perro se siente incómodo. Una vez que esto suceda, dejarás de acercarte, pero seguirás caminando en ese círculo. Ahora es muy importante seguir comunicándote con tu perro y decirle lo grande y valiente que es y el buen trabajo que está haciendo. Puedes tener algunas golosinas en la mano y

recompensarlo a medida que avanza. (Recuerda no acercarte aún más). Una vez que hayas caminado algunas vueltas y tu perro ya no esté enfocado en el objeto, puedes comenzar a acercarte muy lentamente al siguiente círculo. Si lo haces cómodamente, puedes detener el ejercicio por el día.

La razón por la que te detienes ahí es porque el perro ya ha progresado. Se acercó más de lo que quería porque confiaba en ti y lo animaste. Mañana harás la misma actividad, pero en lugar de comenzar en el círculo más alejado del objeto, comenzarás donde te detuviste el día anterior. Puede llevar algunos días, pero seguir este método garantizará que el perro se sienta cómodo mientras supera sus propios límites. Si se siente incómodo, no debes entrar en pánico. Simplemente comienza la actividad unos pasos más lejos y continúa hasta que puedas tocar el objeto. La parte más importante de este ejercicio es comunicarte constantemente con tu perro. Tranquilízalo y recompénsalo cuando haga un buen trabajo. Tómalo con calma y sé positivo. No te frustres si no progresa tan rápido como otros perros. Sé paciente y permítele que confíe en ti.

1. Permanece siempre atento a tu entorno. Ya sea que estés trabajando en un lugar público, en el patio delantero o incluso dentro de la casa, la seguridad siempre es importante. Diles a las personas que te rodean lo que estás haciendo para que no distraigan al perro ni interfieran con la actividad.

2. Si no estás seguro de que tu perro haya visto o hecho algo antes, trata el obstáculo o la actividad como si fuera la primera vez.

3. Siempre ten en cuenta que cada perro es diferente y que cada perro necesita abordar cosas nuevas a su propio ritmo. Como orgulloso dueño de un perro, es tu responsabilidad respetar el ritmo de tu perro y ayudarlo a superar las cosas con las que lucha.

4. ¡Por fin ha llegado el momento de hacer tu lista!

Seamos sociales

¡Tu lista de socialización depende completamente de ti! Cuantas más cosas incluyas, más genial y tranquilo estará tu amigo canino. Recuerda tener en cuenta qué tipo de cosas quieres que tu perro haga contigo y el tipo de estilo de vida que vives con él. Haz tu lista realista y ten en cuenta a qué tipo de lugares tienes acceso.

A continuación, te proporcionamos una muestra de una lista de verificación de socialización que puedes usar como punto de partida para tu propia lista.

Las superficies de la lista

- Azulejos
- Alfombras
- Arena
- Hierba
- Asfalto
- Madera

Personas

- Niños
- Ancianos
- Hombres
- Mujeres
- Niños pequeños gateando
- Hombres con barba
- Personas con sombreros y gafas de sol

Objetos y sonidos

- Cortacésped
- Rastrillo
- Escoba y fregona
- Aspiradora
- Paraguas
- Timbre
- Truenos
- Sirenas
- Sillas plegables

- Lavadora
- Música
- Teléfono celular
- Cubos de basura
- Espejo
- Papel de aluminio

Manipulación
- Tocar los pies
- Tocar las orejas
- Bañarse
- Recortar las uñas
- Abrir la boca
- Abrazos
- Recoger
- Cepillar los dientes (con su propio cepillo de dientes y pasta de dientes especial)

General
- Conocer a otros perros
- Conocer al veterinario
- Ir al parque
- Ir a las tiendas
- Dentro del automóvil
- Subir escaleras
- Ir a la escuela
- Caminar junto a carreteras con mucho tráfico

Capítulo 4: Hora de entrenar

Hay algunos fundamentos que todo buen entrenador debe tener en su kit de herramientas. El equipo adecuado, los métodos de entrenamiento adecuados, un objetivo específico y muchas delicias.

El equipo que utilices, el método y las golosinas serán diferentes para cada perro. A algunos perros les encantarán las salchichas y otros prefieren los cubos de zanahoria. Es posible que debas trabajar con una correa cuando le enseñes a un perro a caminar bien o un arnés para enseñarle a un perro a no tirar. Puedes investigar mucho para ayudarte a decidir qué usar, pero la mejor información vendrá directamente de tu perro.

Hay cientos de formas de enseñarle a un perro cómo hacer algo, pero el método de entrenamiento más popular se llama refuerzo positivo.

Refuerzo positivo

La definición de refuerzo positivo es bastante simple. Si el perro hace algo que queremos que haga, es recompensado. Cuanto más sea recompensado, más probabilidades tendrá de volver a hacerlo.

Por ejemplo, le pides al perro que se siente. Tan pronto como se siente, le das un regalo y le dices que es un buen chico. Al principio, podría tardar un poco en sentarse correctamente o podría ser un poco lento, pero cuanto más practiques, más rápido llegará. ¿Por qué? Porque aprende que si escucha obtendrá una recompensa.

Es como cuando tienes que hacer los deberes. Si te dicen que hagas tu tarea, y te esfuerzas y terminas antes de la cena, es posible que tu mamá te sorprenda con una magdalena de postre. Mañana intentarás terminar tu tarea antes de la cena para poder conseguir otra magdalena. Has aprendido que si realizas la acción rápidamente, obtienes una recompensa.

¡Prémiame, por favor!

El refuerzo positivo tiene que ver con las cosas buenas. La recompensa o el elogio. Un premio es la recompensa más común que se usa durante el entrenamiento porque es fácil de entregar al perro. Pero, ¿cómo eliges una golosina? Un buen regalo para el entrenamiento debe ser pequeño, sabroso y no requerir demasiada masticación.

Hay una variedad de golosinas que puedes usar. Tu tienda de mascotas local tendrá muchas opciones, y hay muchos alimentos para humanos que son seguros para tu perro. Es importante probar algunas golosinas y descubrir qué le gusta más a tu perro. Cuanto más le guste la golosina, más motivado estará para trabajar por ella.

Cuando entrenan, es mejor tener más de un tipo de golosina en tu kit, y es aún mejor si puedes "calificarlos" para tu perro. Por ejemplo, sabes que a tu perro le gustan los trozos de pollo, las salchichas y los cubos de queso. ¿Pero cuál es su favorito? En este caso, digamos que el pollo es el mejor premio. En lugar de usar pollo todo el tiempo, mantén esa golosina como un regalo especial. Lo usas cuando quieres enseñarle a tu perro algo difícil, como una retirada, o cuando está lidiando con algo difícil. El uso de la golosina especial ayuda al perro a comprender que necesita trabajar un poco más para obtener la recompensa.

Si estás usando otros tipos de alimentos para humanos como carnes procesadas o mantequilla de maní, asegúrate de chequear ingredientes peligrosos como el Xilitol. Algunos productos de los alimentos para humanos pueden enfermar a tu perro. Puedes pedirle consejo o una lista de alimentos peligrosos a tu veterinario local.

Dato curioso: Las golosinas húmedas normalmente funcionan mejor que las secas porque huelen mejor. Ahora, mojado no significa aguado, pero una golosina como trozos de pollo o salchicha definitivamente huele mejor que un trozo de galleta seca para perros.

Recompensas no basadas en alimentos

El elogio físico, como acariciar o rascar la oreja, también puede usarse como recompensa, pero hay algunos problemas. Puede llevar demasiado tiempo. Cuando estás entrenando, la recompensa debe ser rápida y en el momento adecuado. Puede ser una distracción. Si le estás enseñando a tu perro algo como una orden de quedarse quieto, recompensarlo acariciándolo puede hacer que pierda la concentración y "salga" de la posición. Si deseas utilizar el elogio físico como recompensa, la mejor manera de incorporarlo al entrenamiento es mantenerlo como una "recompensa adicional". Este tipo de recompensa es algo que le das al perro, o haces con él, justo al final de una sesión de entrenamiento o si realmente ha hecho un trabajo excelente. Por ejemplo, si le estás enseñando a tu perro a quedarse quieto, al comienzo de la sesión puede que él se quede uno o dos segundos. Tu objetivo para la sesión es lograr que se quede durante cinco segundos. ¡Sigues practicando y, finalmente, cuentas hasta cinco y el trasero de tu perro permanece firmemente plantado en el suelo durante los cinco segundos completos! Ahora, en lugar de solo darle recompensas de comida, puedes volverte loco y darle mucho amor, un poco de tiempo para jugar y muchos "buen chico".

El secreto de la recompensa adicional es que el perro nunca sabe que viene. Es como una gran sorpresa. Cuando recibe la sorpresa por primera vez, ayuda a motivarlo a seguir trabajando hasta que vuelva a suceder.

Recompensa verbal

Aunque los perros no pueden hablar, están muy en sintonía con nosotros cuando les hablamos. Entienden nuestro tono de voz junto con ciertas palabras y frases. Cuando entrenas a tu perro, es muy importante mantener una línea de comunicación abierta entre tú y él. Eso significa que lo vas a motivar y alabar con tu voz a medida que avanzas en el entrenamiento. Puedes usar cosas como *Buen chico, Buen perro, Bien hecho, Buen trabajo o Perro inteligente*. Cuando hables, recuerda mantener tu tono de voz tranquilo pero positivo. Cuando dices estas cosas mientras das un premio, el perro conectará las dos cosas y, con un poco de tiempo, las considerará lo mismo. El elogio verbal (por ejemplo, Buen chico) equivale a una recompensa. ¿Porque es esto importante? Si tu perro reconoce los elogios verbales como recompensa, significa que no tendrás que llevar una bolsa de trozos de salchicha por el resto de la vida de tu perro. Con el tiempo, puedes comenzar a usar golosinas cada vez con menos frecuencia porque tu perro estará feliz con elogios verbales y algo de tiempo de juego.

Toy Story

Las recompensas de juguetes se pueden incluir en el elogio físico, pero no necesariamente funcionarán para todos los perros. La razón es que no a todos los perros les gusta jugar con juguetes. Al igual que a las personas, a los perros les gustan cosas diferentes y no todos son iguales. A algunas personas les gusta jugar al fútbol y a otras les gusta jugar a los videojuegos. A algunos perros les gustan los juguetes y a otros no. Si a tu perro le gustan los juguetes, significa que tienes otra herramienta en tu kit que puede usarse como recompensa. Al igual que ocurre con las golosinas, debes averiguar qué tipo de juegos y juguetes le gustan a tu perro. ¿Le gusta jugar a buscar, o prefiere el tira y afloja? ¿Le gustan los juguetes chirriantes o las cuerdas locas? Encontrar las respuestas a esas preguntas puede convertirse en una gran sesión de juego por sí sola. Juega con tu perro. Corre alrededor. Juega a las escondidas. Rueda por la hierba y conoce a tu perro.

Los entrenadores profesionales adoran el uso de recompensas de juguetes porque promueven el juego. Jugar con tu perro es una de las mejores formas de crear un vínculo. También alivia el estrés y es divertido. Usar juguetes significará menos golosinas para los amantes de la comida, lo cual es bueno para los perros que tienen un poco de sobrepeso, y crea una gran motivación para que los perros exploren sus límites.

Capítulo 5: Pongámonos en movimiento

Ahora que tienes un perro entusiasta y bien socializado y un kit lleno de métodos, golosinas y juguetes, estás listo para entrenar a tu perro. La lista de comandos y trucos que puedes enseñarle a tu perro depende de ti y de tu perro. Los perros son muy inteligentes y pueden recordar y comprender alrededor de 160 palabras y frases. Una buena base para llegar a tus objetivos es comenzar con los comandos básicos. Los comandos básicos son cosas prácticas que le pedirás a tu perro que haga. Normalmente son el punto de partida para que un perro tenga buenos modales. Los comandos básicos generalmente incluyen *Sentado, Quieto, Junto, Acostado* y *Ven aquí*. Una vez que tú y tu perro hayan dominado los conceptos básicos, puedes divertirte mucho enseñándole todo tipo de juegos y trucos.

El método de la locura

Para enseñarle a tu perro a hacer algo, deberás seguir pasos específicos. El primer paso se llama estructura de un comando. Un comando no solo se compone de lo que quieres que haga el perro; tiene cinco puntos. Estos cinco puntos siempre serán los mismos sin importar lo que estés enseñando.

Cuando estés listo para enseñar un comando, sigue estos pasos:

1. Di el nombre de tu perro. (Empieza con esto porque llama su atención y le dice que se concentre.)
2. Da la instrucción. (Por ejemplo, *Sentado*)
3. Marca el comportamiento. (Esta es una palabra corta como "sí" o "OK" que dices exactamente cuando el perro hace lo que le pediste. El motivo de esta palabra es para que el perro sepa que ha hecho lo correcto.)
4. Elogia verbalmente al perro. (*¡Buen chico!*)
5. Dale al perro su recompensa. (La golosina)

Entonces, cuando lo pones todo junto, tu oración debería sonar algo así:

Fido, ven aquí. (El perro se acercará al trote.) *¡SÍ! ¡Buen chico!* (Dale una golosina)

Ahora, hay una pequeña trampa. Si tu perro no sabe cómo realizar una instrucción (por ejemplo, si no le han enseñado a sentarse), entonces podría simplemente mirarte un poco raro y menear la cola. Si esto sucede, entonces sabrás por dónde empezar. Entonces, ¿cómo se le enseña a un perro a realizar lo básico?

Sentado:

1. Empieza por tener una golosina en la mano.
2. Deja que tu perro la huela para que sepa que la tienes.
3. Mantén tu mano con la golosina muy cerca de su nariz. Casi quieres tocarle la nariz, pero ten cuidado de que no se robe la golosina.
4. Luego mueve lentamente tu mano en un arco hacia su cola. Es importante mantener la mano en su nariz.
5. A medida que tu mano se mueve, su cabeza debe seguir tu mano y su trasero caerá al suelo.
6. Tan pronto como su trasero toque el suelo, di *Sentado, Buen chico* y luego dale la golosina.

Repite esto varias veces en sesiones cortas y, en uno o dos días, tu perro debería poder sentarse sin que tú tengas que guiarlo.

Quieto:

Una vez que tu perro haya dominado el comando Sentado, puedes pasar a enseñarle algo más, como Quieto. Este es un comando útil para un perro porque puedes usarlo si no quieres que entre en una habitación, cruce la calle o salga corriendo por la puerta.

Comienza pidiéndole a tu perro que se siente frente a ti. Recuerda recompensarlo por sentarse.

Luego le dirás que se quede quieto y darás un pequeño paso hacia atrás. Una vez que hayas retrocedido, contarás "un mississippi" y luego te moverás de nuevo hacia adelante. Di *Sí, ¡Buen chico!* y dale una golosina. Luego vas a repetir lo que acabas de hacer, excepto que ahora vas a contar "dos mississippi". Vas a seguir haciendo esto hasta que llegues a cinco. Si tu perro pierde la concentración o se pone de pie, llámalo y comienza de nuevo en "un mississippi".

Enseñarle a un perro a quedarse quieto puede ser difícil y tomar algo de tiempo, así que recuerda ser paciente y seguir practicando. Cada vez que hagas el ejercicio, intenta que tu perro se quede un rato más que la última vez. Eventualmente, podrá quedarse por mucho tiempo.

Cuando él pueda hacer esto bien, puedes comenzar a dar más pasos hacia atrás y puedes comenzar a moverte de un lado a otro. Si practicas mucho, podrás caminar en círculo alrededor de tu perro y ¡se quedará en un solo lugar!

Reto: Cuando hayas practicado mucho y creas que tu perro es realmente bueno para quedarse quieto, colócalo en una posición de espera y ve si puedes ir a la otra habitación sin que se levante y te busque.

Junto:

Este es un comando importante porque le enseñará a tu perro a caminar bien con y sin correa.

1. Comienza pidiéndole a tu perro que se siente a tu lado izquierdo.
2. Ten una golosina en tu mano y coloca tu mano en su nariz. Recuerda no dejar que te robe la golosina.
3. Di el comando *Junto* y comienza a avanzar. Da pequeños pasos y solo dos o tres para comenzar. Tu perro debe seguirte, manteniendo el olfato en la golosina que tienes en la mano.
4. Mientras te mueves, puedes hablar con él para mantener su atención. Puedes decir, *Sí, buen chico. Buen trabajo.*
5. Si has dado dos o tres pasos, detente y dale la recompensa.
6. Sigue repitiendo esto y, a medida que tu perro mejore, podrás dar más y más pasos.
7. A medida que tú y tu perro avanzan, puedes comenzar a levantar la mano hacia tu hombro durante unos pasos. Tu perro debe permanecer a tu lado. Después de algunos pasos, vuelve a bajar la mano y dale la golosina, pero sigue moviéndote.
8. Ahora puedes avanzar para agregar giros y sentadas mientras te mueves.

Ven aquí:

Ven aquí, también conocido como comando de regreso, es cuando llamas a tu perro hacia ti. Este es probablemente el comando más útil en la vida diaria. Lo usas cuando estás en el parque y cuando es hora de irse a casa. Lo usas para llamar al perro desde la puerta principal o alejarlo de los invitados. El truco de enseñar bien este comando es que el perro necesita estar motivado para regresar. Por lo tanto, debes tener una recompensa especial, un juego o un juguete súper divertido para él.

Este comando funciona mejor con alguien que te ayude, así que pídele a un familiar o amigo que se una a la diversión.

1. Tu asistente para la sesión sujetará a tu perro. Puede sujetar su cuello o simplemente colocar sus manos alrededor de su pecho.
2. Vas a pararte frente a tu perro y mostrarle el juguete o dejar que huela la golosina. Entonces vas a darte la vuelta y huir. Comienza con distancias cortas, tal vez diez o doce pasos, y asegúrate de que tu perro aún pueda verte.
3. Detente, gira y mira al perro. Llámalo por su nombre. Puedes aplaudir o golpear tus pies. Agita el juguete o haz lo que sea que motive a tu perro a acercarse a ti.
4. Consejo: algunos perros están más motivados si tú estás al mismo nivel que ellos, de rodillas o ancas.
5. Seguirás llamándolo hasta que el perro te alcance. Una vez que lo haga, ¡jugarás con él o le darás su recompensa y harás un gran escándalo!
6. Repite el ejercicio, aumentando gradualmente la distancia entre tú y el perro.

¡Ahí tienes lo básico! Lo importante es hacer cada ejercicio paso a paso y tener paciencia. Deja que tu perro domine un comando antes de pasar al siguiente. Puedes enseñarle los comandos en cualquier orden y las sesiones de entrenamiento deben ser breves.

Juegos

No todas las cosas que le enseñes a tu perro tienen que ser prácticas o seguir pasos tan estrictos. Algunos de los trucos que le enseñes pueden ser por diversión o puedes enseñarle a tu perro jugando un juego.

1. Hazlo regresar con el escondite

Este juego es una forma fácil y divertida de enseñarle a tu perro a acudir a ti cuando lo llames.

Toma algunas golosinas y pídele a tu perro que se siente. Tira las golosinas al césped y, cuando el perro comience a comer, corre en la dirección opuesta a la que él mira. Encuentra un lugar para esconderte. No corras demasiado lejos ni hagas que sea demasiado difícil para tu perro encontrarte al principio. Cuenta hasta diez y luego comienza a llamar a tu perro. Sigue llamando hasta que tu perro te encuentre. Una vez que lo haga, juega con él y dale sus golosinas o su juguete. A medida que tu perro comienza a entender el juego, puedes empezar a hacer el juego más difícil llamando solo una vez, corriendo más lejos y haciendo que sea menos fácil para él encontrarte.

2. Dar un beso

Este pequeño y dulce truco es fácil de enseñar. Empieza por mostrarle a tu perro que tienes una golosina. Toma la golosina y sostenla contra tu mejilla. Una vez que la nariz del perro toque tu mejilla, di *Beso* y dale el premio. Repite esto varias veces. Una vez que lo comprenda, puedes comenzar a usar las dos manos.

Mantén la golosina en una mano y usa un dedo de la otra para apuntar contra tu mejilla. Una vez que la nariz del perro toque tu mejilla, elógialo verbalmente y dale la golosina con la otra mano. Después de algunas rondas, ya no necesitarás señalar tu mejilla. Él entenderá la orden y tocará tu mejilla con su nariz sin ninguna guía.

3. Girar

Los entrenadores de agilidad suelen utilizar este truco para enseñar a los perros la diferencia entre la izquierda y la derecha.

Empieza por tener a tu perro frente a ti. Debería estar de pie. Si el perro se sienta automáticamente, también puedes enseñarle esta actividad mientras estás moviéndote. Ten una golosina en la mano, cerca de la nariz del perro. Ahora mueve tu mano hacia su cola como si estuvieras dibujando un círculo. Él comenzará a doblarse y eventualmente a girar. Es importante no ir demasiado rápido ni demasiado lento. Una vez que comprenda el movimiento, puedes agregar el comando.

Consejo: Para hacer esto aún más avanzado, puedes girar hacia la izquierda y hacia la derecha, enseñándole así a tu perro la diferencia entre ambas.

4. Soltar

Este puede ser un juego divertido, especialmente para los perros a los que les gusta jugar a buscar. Todo lo que necesitas son dos de los juguetes favoritos de tu perro y mucho espacio para correr.

El objetivo del juego es hacer que tu perro busque un juguete, lo traiga de vuelta y lo deje caer antes de que consiga el siguiente. Empieza por mostrarle al perro que tienes su juguete. Haz que se emocione y luego lanza el juguete. Una vez que lo persiga y lo haya recogido, enséñale que tiene un segundo juguete. Agita el juguete que tienes, haz ruidos e incluso muévete un poco hacia adelante y hacia atrás. Ahora tu perro debería volver corriendo hacia ti con su juguete en la boca. Una vez que llegue a ti, sigue activando el juguete que tienes. Esto cambiará su enfoque del juguete en su boca al de tu mano. Tan pronto como se le caiga el que tiene en la boca, tira el que tienes como recompensa. Repite esto varias veces. Después de las primeras rondas, puedes comenzar a agregar un comando como *Suelta* o *Deja* mientras corre hacia ti.

Consejo: Si tu perro no vuelve corriendo hacia ti después de haber recogido su juguete, intenta huir de él. La mayoría de los perros te seguirán porque temen que te vayas.

Jugar sucio

Una de las cosas más importantes que debes enseñarle a tu perro es a que sea adiestrado en casa. Aunque esto es algo que normalmente solo está destinado a los cachorros, algunos perros adultos también tienen dificultades para obedecer las reglas de la casa. Un perro que no está entrenado en casa puede ser muy frustrante, y los accidentes constantes en la casa pueden dañar las alfombras y los muebles. A continuación, encontrarás una guía de entrenamiento en el hogar de siete días que te ayudará a establecer rutinas y límites adecuados para tu perro o cachorro.

Recuerda que todos los perros aprenden de manera diferente y a diferentes ritmos. Es posible que todavía haya algunos accidentes en el camino, pero si sigues el cronograma lograrás el éxito y tendrás un perro bien entrenado.

Día 1:

Horario regular de alimentación. Sigue las instrucciones de alimentación según la raza, la edad y el peso actual de tu perro o cachorro. La mayoría de las bolsas de comida tienen una guía en la parte posterior; de lo contrario, habla con tu veterinario sobre el tipo y la cantidad correctos de comida que tu perro debe recibir. Tener horarios de alimentación regulares, sin comidas ni alimentos adicionales, es importante para que el sistema digestivo de tu perro desarrolle una rutina.

Día 2:

Establece un horario de entrenamiento. Para los cachorros, esto debería ser una vez cada dos horas. También es una buena idea sacarlos al aire libre a primera hora de la mañana, justo antes de irse a dormir y después de que se despierten de una siesta durante el día.

Puede ser mucho trabajo, pero al final dará sus frutos. Asegúrate de recompensar a tu perro por hacer sus necesidades al aire libre. Puedes recompensarlo con una golosina o elogiándolo verbalmente.

Día 3:

Marca el área particular donde deseas que tu perro haga sus necesidades. Llevarlo constantemente al mismo lugar, cada vez que lo saques o cuando necesite usar el baño, puede ayudarlo a identificar el "área del baño" cuando tenga la edad suficiente para salir por su cuenta.

Día 4:

Aprende a notar las señales corporales de tu perro cuando necesite ir al baño. Si puedes aprender a identificarlos, puedes evitar que ocurran accidentes. Algunos signos pueden incluir caminar y olfatear lentamente, rascarse, dar vueltas en círculos, lloriquear y, a veces, incluso ladrar.

Día 5:

A estas alturas, no debería haber tantos accidentes dentro de la casa, especialmente si tu perro tiene más de doce meses. Si tu perro tiene un accidente, no lo castigues por ello. Llévalo afuera y déjalo terminar sus asuntos, y luego felicítalo por hacerlo afuera.

Día 6:

El sexto día es cuando realmente deberías poder ver algún progreso. Casi no debería haber accidentes, y deberías poder identificar claramente las señales de que tu perro necesita ir al baño. Si los accidentes continúan ocurriendo con regularidad, es posible que debas llevar a tu perro al veterinario.

Día 7:

Una semana completa de entrenamiento para ir al baño y lo lograste. Son muchas sesiones nocturnas, pero a estas alturas tu perro debería poder salir por su cuenta y avisarte claramente cuándo tenga que hacerlo.

Después de los siete días, deberías poder aumentar el tiempo entre los descansos para ir al baño, y la regla general es que tu cachorro debería poder aguantar durante una hora por cada mes que cumpla, más uno. (Si tiene tres meses, debería poder aguantarse durante unas cuatro horas).

Conclusión

El adiestramiento de perros es algo que requiere tiempo, dedicación y mucha consistencia. Si practicas, eres paciente y te ciñes a tus objetivos, tendrás un perro completo y superestrella en potencia.

Guía de Entrenamiento de Cachorros para Niños

Cómo Entrenar a Tu Perro o Cachorro para Niños, Siguiendo una Guía para Principiantes Paso a Paso: Incluye Entrenamiento para sus Necesidades, 101 Trucos, Habilidades de Sociabilización, y Más

Por Lucy Williams

Introducción

Entrenar a tu mejor amigo para que se comporte y haga trucos es una de las mejores cosas que puedes hacer por él y por ti. Si tus padres acaban de regalarte un nuevo cachorro o perro, lo más probable es que no te escuche en absoluto. Si no le enseñas a escucharte, nunca lo hará. Puede ser divertido al principio cuando el perro salta sobre ti o mastica uno de tus zapatos, pero no seguirá siendo divertido por mucho tiempo.

Entrenar un cachorro o un perro no es fácil, pero eso no significa que no pueda ser divertido. Puedes hacer que el entrenamiento sea muy divertido tanto para ti como para tu nuevo mejor amigo. Lo importante es trabajar juntos y asegurarte de que recibes toda la ayuda que necesitas de tus padres. Confía en mí, a tu cachorro o perro le encantará.

No tienes que sentirte mal cuando lo entrenas. A tu mejor amigo le encantará tanto como a ti, y le hará mucho más feliz a largo plazo. Un perro o un cachorro disfruta pasando tiempo con su humano y haciéndolo feliz. Mientras lo entrenas, pasarán mucho tiempo juntos y te hará feliz, así que les darás todo lo que quiera.

Un perro bien entrenado hace que la relación sea mejor y más saludable. Tu amigo aprenderá a escucharte y a comunicarse contigo. Aprenderá lo que quieres y lo que te hace feliz. Esto hará que sea más fácil para los dos hacer disfrutar del tiempo que pasen juntos.

Es bueno que hayas encontrado este libro, porque te enseñará todo lo que necesitas saber para entrenar completamente a tu nuevo mejor amigo de la manera más fácil y divertida. En este libro encontrarás entrenamiento social, entrenamiento para ir baño, entrenamiento en casa, órdenes simples y también algunos trucos de perros bastante geniales. Encontrarás todo lo que necesitas para ayudar a entrenar a tu nuevo mejor amigo y divertirte haciéndolo.

¡Empecemos!

Bienvenido a Casa: Los Primeros Días en el Hogar

Las primeras impresiones son importantes, y quieres asegurarte de que el primer día de tu nuevo mejor amigo en casa sea el mejor. Probablemente estés emocionado y saltando de alegría. No puedes esperar a conocer a tu nuevo amigo y pasar tanto tiempo con él o ella como sea posible, pero apuesto a que también estás asustado. Está bien estar asustado al principio. Estás a punto de traer un nuevo cachorro a casa, y no estás seguro de si sabes qué hacer. Puedes buscar la orientación de tus padres, pero también puedes consultar este libro.

Estar emocionado por conocer a tu nuevo mejor amigo y estar asustado al mismo tiempo es perfectamente normal. Mientras sepas que estás preparado para su primer día en casa, no tienes que preocuparte por nada. Sus primeros días en casa son los más importantes. Asegurémonos de que la primera impresión sea la mejor y les demos la bienvenida a casa de la manera correcta.

Prueba del cachorro

Lo primero que debes hacer antes de que tú o tus padres traigan a tu nuevo cachorro a casa es hacer de la casa un lugar seguro para ellos. La protección del cachorro es muy parecida a la protección del bebé. Puedes preguntar a tus padres qué tuvieron que hacer para que la casa fuera un lugar seguro para ti cuando eras un bebé. Luego pídeles que te ayuden a hacer lo mismo con el cachorro.

Un cachorro no podrá distinguir entre lo que es seguro y lo que es peligroso. Sabes cómo usar unas escaleras y no saltarás a la piscina si no sabes nadar. Sin embargo, si tienes escaleras o piscina, tu nuevo cachorro no sabrá cómo actuar correctamente alrededor de ellas y puede hacerse daño. Esta es la parte más importante de la protección de su casa. Encuentra todos los lugares y objetos de la casa que puedan resultar dañinos o peligrosos para tu nuevo mejor amigo y retíralos o bloquéalos. Asegúrate de pedirle a tus padres que te ayuden con este paso.

Es importante que lo hagas antes de traer a tu nuevo cachorro a la casa. De esta forma, es más fácil dejarlo en el suelo y permitir que explore su nuevo hogar contigo. La prueba del cachorro es un paso importante para darle la bienvenida a casa.

Juguetes y Premios

Hay algunas cosas que debes tener antes de que tu cachorro llegue a casa por primera vez. Pide a tus padres que te den todas estas cosas y asegúrate de que lo hagan. No querrás traer a tu nuevo mejor amigo a casa, darte cuenta de que no tienes algo que necesites y luego salir corriendo a buscarlo o esperar hasta el día siguiente. Es mejor que tengas todas estas cosas allí y listas para cuando llegue a casa.

Aquí tienes una lista sencilla de las cosas que debes tener antes de traer a tu cachorro a casa:

1. Comida para perros

Este es obligatorio considerando lo hambriento que va a estar tu cachorro. Si tienes un cachorro, necesitarás un alimento específico para cachorros. Necesitará diferentes nutrientes que un perro adulto, por lo que no puede comer cualquier alimento para perros. Los alimentos de alta calidad son los mejores y lo ayudará a crecer fuerte y feliz.

2. Tazones de Agua y Comida

Tu cachorro va a estar sediento desde el primer día, y no puedes esperar que coma del suelo. Los mejores tazones para tu mascota son los de acero inoxidable. Estos cuencos son fáciles de limpiar y serán más saludables a largo plazo. Asegúrate de que tus padres también consigan los cuencos del tamaño adecuado. Un cachorro no necesitará algo grande, pero cuando crezca, es posible que tengas que sustituir los tazones pequeños por algo más grande.

Llena los tazones de agua y comida y colócalos en un lugar de fácil acceso para la llegada de tu cachorro.

3. Cama para perros

Si duermes en una cama cómoda por la noche, ¿por qué no puede hacer lo mismo tu cachorro? Antes de traer a tu cachorro a casa, pídele a tus padres que le consigan una buena cama para perros. No compres algo pequeño sólo porque tu cachorro sea pequeño. Si esperas que tu cachorro se convierta en un perro grande, entonces puede ser una buena idea comprar algo más grande desde el principio. A tu cachorro no le importará el tamaño y a medida que crezca, tus padres no tendrán que cambiar la cama.

Instala la cama del perro en un área segura para tu cachorro, cerca del agua y de la comida.

4. Equipo para caminar

Probablemente querrás sacarlo a pasear inmediatamente. Guardas el paseo para el día siguiente y mantén el primer día tranquilo y divertido dentro de la casa. Sigue siendo una buena idea obtener todo lo necesario para el paseo antes de llevarlo a casa, por si acaso.

Necesitarás un collar de perro o un arnés y una correa. Recuerde que tu cachorro aún está creciendo y que necesita un collar o un arnés que se ajuste. De esta forma, cuando crezca, podrá seguir utilizando el mismo collar o arnés. También necesitarás algunas bolsas para las heces y un soporte para la bolsa. Sí, tendrás que limpiar la caca de tu nuevo amigo cuando salgas a pasear, porque es lo más agradable. Si no lo haces, entonces alguna desafortunada persona podría caminar por encima y eso le arruinaría el día.

5. Golosinas y juguetes

Te encanta comer cosas como chocolate y helado y jugar con tus juguetes y a tus juegos favoritos, ¿verdad? Bueno, a tu nuevo cachorro le va a encantar hacer lo mismo. Pídele a tus padres que te consigan una bolsa de golosinas para perros y algunos juguetes para que jueguen en su primer día en casa. No necesitas exagerar con esto. Tu nuevo cachorro aún está aprendiendo lo que le gusta comer y cómo le gusta jugar. Es posible que no disfrute de todos los juguetes que le des, así que es una buena idea comprar sólo algunos para su primer día y aprender lo que les gusta sobre la marcha.

Consigue un peluche, como un osito de peluche, un juguete que haga ruido (asegúrate de que no sea demasiado fuerte para los oídos sensibles de tu cachorro; una campana puede ser una buena opción), y un juguete para masticar. Estos tres son los primeros juguetes perfectos para un nuevo cachorro. Sus primeras golosinas deben ser pequeñas, fáciles de masticar y fáciles de tragar.

6. Placas para Perro y Microchip

No querrás arriesgarte a perder a tu mejor amigo si sale de la casa o se suelta mientras está de paseo. Pídele a tus padres que te den una placa de identificación con tu nombre y una forma de contactar con ellos, y un collar para ponérsela. Asegúrate de que tu cachorro lleve este collar todo el tiempo. También pídeles a tus padres que le pongan un microchip a tu nuevo cachorro. Es algo que se coloca debajo de la piel del perro. No les hace daño, y si alguna vez se pierden, alguien podrá escanear el chip, ver quiénes son los dueños y devolver al cachorro a casa.

Comprueba que tus padres obtengan esto para tu cachorro de inmediato.

Éstas son todas las cosas que necesitas para el primer día del cachorro en casa. A continuación, te presentamos algunas de las cosas que puedes necesitar más adelante:

1. Cepillo para Perro

Si tienes un perro peludo, entonces necesitas un cepillo. Intenta usar el cepillo una vez al día si tiene mucho pelo. Así te asegurarás de que no se le hagan muchos nudos o se ensucie mucho. ¡Cepillarlo es algo que le va a encantar!

2. Pasta y cepillo de dientes para perro

Necesitas lavarte los dientes, y también lo hace tu nuevo mejor amigo. El único problema es que no sabe cómo cepillarse los dientes. Tendrás que ayudarlo a cepillarse regularmente.

3. Champú y toalla para perros

Probablemente te lavas el pelo cada vez que te bañas, pero no puedes usar tu shampoo en tu cachorro. Necesitas shampoo para perros para usar en él. Tiene ingredientes especiales para mantener su pelaje sano y limpio. Al igual que tu perro no puede cepillarse los dientes, tampoco puede lavarse el pelo. Le colaboras bañándolo al menos una vez cada dos semanas, a menos que se ensucie fácilmente. Si se revuelca en el barro o la suciedad, entonces tendrás que lavarlo antes.

Reglas y Horarios de Dormir

Cuando crecías tenías un montón de reglas que tenías que seguir o de lo contrario tus padres se habrían enfadado contigo. Tu nuevo cachorro también tiene que seguir algunas reglas. Puedes pensar en ellas como tu nuevo mejor amigo o tu nuevo hermanito o hermanita. Tienen que seguir algunas reglas como tú lo hiciste.

Tus padres y tú tienen que averiguar cuáles son las reglas antes de traer a tu nuevo cachorro a casa. Debes hacer una lista de las reglas y atenerte a ellas desde el principio. No puedes permitir que duerma en tu cama desde el primer día, y luego decidir más adelante que no puede hacerlo más. Esto lo confundirá. Si lo quieres en la cama o no, debes decidirlo desde el primer día y seguir adelante.

El entrenamiento suele empezar el primer día, y la mayoría de la gente no se da cuenta de eso. Un cachorro mostrará su comportamiento desde el primer día en casa, y tú y tus padres deberán decidir si les gusta o quieren ese comportamiento más adelante. Si un cachorro salta sobre ti los primeros días en casa y tú lo permites, lo verán como algo normal. Cuando el cachorro crezca, seguirá saltando sobre ti como lo hacía cuando era un cachorro. Esto puede ser más peligroso y doloroso, especialmente si empiezan a hacérselo a otras personas en la calle. No puedes castigarlo por esto porque lo has dejado desde que era cachorro, así que no entiende que está mal. Para evitar muchos otros problemas como éste, establece las reglas desde el principio.

Recuerda que cualquier comportamiento que tu cachorro aprenda durante los primeros días se mantendrá con él durante el resto de su vida. Este es el comienzo de su adiestramiento. Las reglas que tú y tus padres establezcan el primer día que esté en tu casa serán las pautas que seguirá. Las reglas le ayudarán a saber lo que está mal y lo que está bien. Este es el primer paso más importante que debes dar para el adiestramiento de tu cachorro y comienza el día uno.

Conceptos básicos de entrenamiento

Hay algunas cosas que debes saber sobre el entrenamiento de tu perro antes de que puedas empezar el proceso de entrenamiento. Necesitas empezar con lo básico. Como cuándo empezar a entrenar a tu perro, cómo empezar a entrenar a tu perro y las cuestiones más importantes que puedes enseñarles. Necesitas comprender todo esto antes de avanzar.

Cuando empezar a entrenar

El entrenamiento de tu perro para que tenga buenos hábitos y sea obediente puede empezar lo antes posible, pero hay algunas cosas que no puedes enseñarle hasta que llegue a cierta edad. Es cierto que la formación de buenos hábitos para debe comenzar el primer día que lo lleves a casa. Empiezas por enseñarle a no saltar en el sofá o no masticar los muebles tan pronto como llegue a casa. Sin embargo, cosas como el control de esfínteres y el entrenamiento social sólo pueden comenzar cuando alcanza cierta edad.

Cuando Entrenarlo para Ir al Baño

Es probable que cuando traigas a tu cachorro a casa por primera vez no esté entrenado. Esto significa que puedes esperar que tenga algunos accidentes. Comienzas a entrenarlo para ir al baño tan pronto como llegue a casa, pero puede ser difícil si tiene menos de 12 a 16 semanas. Hasta que el cachorro alcance esta edad, tiene poco o ningún control sobre su vejiga. Esto significa que no puede controlar cuándo va al baño y no puede retenerlo hasta que alguien le abra la puerta.

Hasta que el cachorro cumpla entre 12 y 16 semanas de edad, le resultará muy difícil ir al baño. Esto no significa que no puedas intentarlo. Puedes limitar los accidentes en la casa y hacer que el entrenamiento sea más fácil para cuando tenga la edad suficiente. Si empiezas a entrenarlo para ir al baño antes de tiempo, recuerda que, aunque entienda lo que intentas enseñarle, es posible que no veas los resultados hasta que tenga la edad suficiente.

Cuando Entrenarlo para la Vida Social

Sociabilizar a un cachorro es completamente diferente al entrenamiento de baño y por lo tanto el momento de inicio para esto también es diferente. Un cachorro suele empezar a desarrollar vida social tan pronto como abre los ojos y empieza a moverse. La primera parte es con sus hermanos y su madre. Esto ayuda a relacionar al perro con otros cachorros, pero no es suficiente. El cachorro también necesita relacionarse con una gran variedad de personas, animales y objetos.

La sociabilización de tu cachorro puede tener lugar a partir de las 7 semanas de vida. Una vez que alcance esta edad, estará muy abierto a conocer y a conocer nuevas personas, nuevos animales y nuevas cosas. Una vez que tenga entre 14 y 16 semanas, se cerrará más a la idea de conocer algo nuevo. El mejor momento para sociabilizar a tu perro es entre las 7 y 14 o 16 semanas de edad.

Cuando Enseñar los Trucos y Comandos

Los cachorros tienen un período de atención muy corto a cualquier edad, pero siempre están ansiosos de aprender y de complacerte. Te sorprenderá saber que puedes empezar a enseñarle trucos a tu cachorro, como sentarse y quedarse, a partir de las 7 semanas de edad. La mejor manera de entrenar a un perro de tan sólo 7 semanas es con un sistema de recompensas, del que hablaré más adelante en el libro.

Algunos creen que el entrenamiento formal, como las órdenes y los trucos, debe retrasarse hasta que el perro tenga al menos 6 meses de edad. Esto es una mala idea. Cuando llega a esta edad, ya ha pasado la etapa de aprendizaje y está en transición para convertirse en un perro adulto. Algunas de las cosas que aprendió como cachorro ya han sido incorporadas por él a esta edad. Si sólo empiezas a entrenarlo a los 6 meses, descubrirás que aprendió muchas cosas cuando era más joven que ahora tiene que desaprender y volver a aprender de la forma correcta. Es mucho mejor no esperar a este período para empezar a entrenar. El entrenamiento formal puede comenzar alrededor de las 7 semanas de edad y debe mantenerse hasta que el perro sea un adulto.

Tenga en cuenta que la capacidad de atención del cachorro es extremadamente corta en ese momento, y sólo podrás enseñarle durante unos 15 minutos cada vez, como máximo. Puede enseñarle varias veces durante el día, incluso durante un corto período de tiempo. Se alegrará de que haya empezado a ser adiestrado tan joven y lo disfrutará, especialmente con el sistema de recompensas.

Cuando entrenes al cachorro para que haga algo, ya sea para que vaya al baño, para que sociabilice o para que aprenda a hacer trucos, puedes empezar lo antes posible. Sólo recuerda que al principio le resultará difícil al cachorro recordar las cosas que intentas enseñarle y ponerlas en práctica. El entrenamiento para ir al baño será el más difícil hasta que alcance la edad adecuada, pero valdrá la pena y hará que todo el proceso sea más fácil a largo plazo.

Fundamentos de Entrenamiento

El entrenamiento puede ser divertido, siempre y cuando se tenga en cuenta toda la información importante que viene con el proceso de entrenamiento. Hay algunos fundamentos que debes tener en cuenta tanto para ti como para tu cachorro. Estos fundamentos harán que sus vidas sean más fáciles.

Refuerzo Positivo

El refuerzo positivo es parte del sistema de recompensas del que hablaba antes. Un cachorro aprende mejor cuando es recompensado por su buen comportamiento, sin embargo, un cachorro aprende mal cuando es castigado por su mal comportamiento. Nunca debes castigar a tu cachorro gritándole o pegándole por hacer algo que no quieres. Esto podría empeorar el mal comportamiento e incluso reforzarlo.

Para comprender cómo funciona esto, es necesario que entiendas que un cachorro interpreta tu atención como una recompensa. Verá cualquier atención como una recompensa por lo que está haciendo. Incluso si le gritas por ladrar o saltar sobre ti, lo verá como una atención que para él es una recompensa. Por lo tanto, tiene sentido que para castigarlo por hacer algo malo, simplemente debes ignorarlo. Si el cachorro está haciendo algo que no quieres que haga, como ladrar o saltar, no deberías gritarle, sino ignorarle hasta que deje de hacerlo. Cuando deje de hacerlo, deberías recompensarlo acariciándolo, felicitándolo o dándole una golosina. Pronto aprenderá que no recibe atención de ti si ladra o salta, pero sí la recibe cuando no lo hace. Con el tiempo, aprenderá y dejará de hacerlo.

Este es el poder del refuerzo positivo. Anima a tu cachorro a hacer algo que tú quieras que haga, como sentarse bien para recibir un premio o no ladrar a la gente en la puerta, recompensándolo con premios y atención. Desaliéntalo a hacer algo que no quieres no golpeándolo o gritándole, sino ignorándolo. Esta es la mejor y más poderosa forma de entrenamiento. Su cachorro recibe una recompensa por su buen comportamiento y es ignorado por su mal comportamiento o comportamiento no deseado. Un cachorro aprende mejor usando este método.

Tómalo con Calma y Mantente Positivo

Ya mencioné antes que tu cachorro tendrá un corto período de atención y sólo podrá aprender durante un corto período de tiempo. Es importante que recuerdes esto. Las cosas que quieres enseñarle tendrán que ser divididas en partes pequeñas, y que cada parte sea enseñada lentamente. Lo que tu cachorro necesita de ti es paciencia y que lo escuches. Te hará saber cuándo haya tenido suficiente entrenamiento. Depende de ti escucharlo y detener la sesión de entrenamiento cuando haya finalizado para él. Si lo presionas demasiado pronto, tendrá una mala experiencia con el entrenamiento y no querrá volver a hacerlo.

Muévete despacio para tu cachorro y enséñale sólo de 10 a 15 minutos cada vez. Siempre recompénsalo al final de la sesión para que tenga una buena experiencia que lo motive a hacerlo de nuevo cuando esté listo. Prepárate para que el cachorro se confunda y tengas que volver a empezar desde el principio. Si tu cachorro falla en un truco, no es culpa suya y no deberías enfadarte con él ni castigarlo. Mantente positivo e inténtalo de nuevo. Él será capaz de leer tus acciones y piensa que estás enfadado, no aprenderá nada de lo que estás intentando enseñarle.

El adiestramiento del cachorro debe ser feliz, gratificante y positivo. Muévete al ritmo de tu cachorro, no al tuyo. Eso es todo lo que necesitas saber para entrenar a tu cachorro con éxito.

Los Primeros Comandos

Hay muchos trucos que querrás enseñarle a tu cachorro, pero debes comenzar con las primeras órdenes. Estas órdenes constituyen los movimientos básicos para otros trucos y ayudan a tu perro a aprender a ser obediente y a tener buenos modales. Estas órdenes también son buenas por razones de seguridad cuando sacas a tu perro en público, y funcionan muy bien si se enseñan correctamente.

1. Siéntate

Esta es la primera orden que debes enseñarle. Es la base de todas las demás órdenes y es muy útil en muchas situaciones. Una vez que tu cachorro sepa sentarse cuando se lo digas, todo lo demás será más fácil.

2. Acuéstate

Tu cachorro necesitará saber la orden de sentarse para aprenderla, y es un truco muy útil. Debería ser la segunda orden que aprenda.

3. Quédate

Esta es la tercera orden que debes enseñarle, y no puede aprenderla correctamente hasta que no sepa cómo sentarse. Esto es muy útil para mantenerlo seguro y para enseñarles otras órdenes y modales.

Estas órdenes son los elementos básicos para que tu cachorro aprenda un buen comportamiento, desarrolle buenos hábitos y aprenda muchos trucos divertidos en el futuro.

¡Que Comience el Entrenamiento!

Ya estás listo para empezar a entrenar a tu cachorro para que sea un buen perro. Ya sabes todo lo que necesitas saber; ahora sólo necesitas saber qué hacer. A continuación, encontrarás todo lo que necesitas saber acerca de cómo ir al baño, sociabilizar y entrenar completamente a tu nuevo mejor amigo. ¡Diviértete

Haciendo Amigos

La vida social de tu cachorro implica mucho más que hacer amigos con otros perros, animales y humanos. Sociabilizar a un cachorro de forma adecuada es algo muy delicado y muy importante. La forma en que su cachorro se relacione a una edad temprana determinará cómo actuará y cuál será su personalidad cuando sea un perro adulto. La interacción social implica introducir al cachorro en nuevas vistas, sonidos, objetos, animales, personas, situaciones y lugares de forma positiva para que aprenda a verlas y reaccione ante ellas con una actitud positiva.

La vida social de tu cachorro comienza lo antes posible y debe ser manejada con cuidado. Es posible que quieras pedirles a tus padres que te ayuden con esto. Sigue estos pasos y estarás bien.

La Sociabilización Comienza en Casa

La vida social de un cachorro suele empezar en casa contigo y tu familia. Puedes darle experiencias positivas que luego pueda asociar con experiencias posteriores en la vida. Desde el primer día en que llega a casa puedes comenzar a relacionarlo.

Puedes empezar con lo más fácil. Acostumbrarlo a que lo abracen, lo toquen y lo acaricien en diferentes lugares. A los perros normalmente no les gusta que les toques la cola o las patas, así que evita estas áreas al principio. Otra cosa que puedes hacer es tener un tiempo de juego activo con tu cachorro. El tiempo de juego es una excelente forma de que el cachorro aprenda a jugar con los demás e incluso a jugar correctamente con los perros.

Cuando se trata de relacionar a tu cachorro en casa, hay dos cosas importantes que debes enseñarle:

1. No tener miedo de las manos o de ser tocado por la gente.

2. No morder o ser agresivo durante el tiempo de juego

Estas son las cosas más importantes y fáciles de enseñar a un perro durante la sociabilización en sus primeros días en casa.

Primeros Pasos

Cuando tu cachorro tenga unas 7 semanas de edad, puede empezar a conocer a otras personas y a otros animales. Querrás empezar de a poco y dando pasos de bebé. Si tu cachorro se emociona o se asusta, podrías arruinar la sesión y darle una mala experiencia que lo perseguirá en futuras sesiones.

Aquí tiene algunos de los primeros pequeños pasos que debes dar:

1. Presenta al cachorro a algunos amigos

Trae a tus propios amigos o pídele a tus padres que traigan a algunos de sus amigos o vecinos. La persona a la que invites a conocer a tu cachorro debe seguir una serie de reglas. Deben ser tranquilos y positivos con el cachorro. Debe saludarlo con delicadeza y seguir las acciones del cachorro. Si el cachorro parece estar asustado, entonces debe retroceder y esperar a que el cachorro se acerque a él. No debe forzar al cachorro a una situación que le haga sentir incómodo o que arruine la experiencia.

Necesitan acariciar a tu cachorro y jugar con él con suavidad. Traiga sólo un amigo a la vez y haga que venga un amigo diferente cada día. De esta forma, tu cachorro se acostumbrará a ver a otras personas y a jugar con ellas. Así es como se socializa un cachorro con otros humanos.

Más adelante, puedes traer más y más gente para asegurarte de que tu cachorro se sienta cómodo con un grupo de personas a su alrededor. Hazlo lentamente.

Trae a dos o tres personas y luego aumenta lentamente el número. Recuerda dar pasos pequeños, ser calmado y suave, y seguir las acciones de tu cachorro. Te hará saber si se siente incómodo o asustado.

2. Presenta tu cachorro con otro perro

Cuando le presentes a otro perro, es mejor empezar en terreno neutral con un perro tranquilo y ya sociable. Un terreno neutral significa un lugar que no pertenece ni a tu cachorro ni al otro perro. Incluso a una edad temprana, tu cachorro ya habrá reclamado tu casa como su territorio y traer otro perro a su territorio puede ser un mal comienzo para la vida social.

El parque para perros o una parte en la calle puede ser un buen comienzo. Necesitas un lugar que no esté completamente libre de distracciones pero que no esté demasiado ocupado. Quieres que tu cachorro se concentre en conocer al nuevo perro, pero no quieres que ese perro sea lo único en lo que se concentre tu cachorro. Demasiada distracción puede abrumarlo y muy poca distracción puede intimidarlo.

Cuando le presentes a otro perro, hazlo con una correa para empezar. No dejes que los perros se enfrenten entre sí. Mirar a otro perro a los ojos durante demasiado tiempo es un acto de agresión y podría iniciar una pelea. Evita el contacto visual y deja que se huelan entre ellos.

Es mejor que el otro perro sea tranquilo, o incluso que sea viejo y no demasiado grande, para que no se exciten demasiado o quieran jugar desde el principio. De esta forma, tu cachorro puede tomarse su tiempo. Para la primera cita de juego, puedes llevar a tu cachorro y al otro perro a dar un paseo juntos. Después, el cachorro tendrá otras cosas en las que pensar y se acostumbrará a tener otro perro cerca.

Puedes aumentar la sociabilización presentando a tu cachorro a más perros, pero sólo uno a la vez al principio. Haz que jueguen juntos en algún momento y luego presenta más perros a la vez. Avanza lentamente con estos pasos y escucha a tu cachorro. Si está asustado o incómodo, sácalo de la situación y ve más despacio.

Después de que tu perro se sienta cómodo con otros perros, puedes llevarlo a un parque para perros muy concurrido. Al principio, mantén la correa puesta para ver cómo se maneja. Si están demasiado excitados o asustados, no deberías quitarle la correa.

Mantente en la parte exterior del parque al principio y dale tiempo para que mire a los perros y los observe desde la distancia. Si parecen tranquilos e interesados, puedes llevarlo al parque de perros y presentarle lentamente a los otros perros.

3. Presenta tu cachorro a otros animales

A continuación, quieres presentar a tu cachorro a otras mascotas y animales. Cuantos más animales puedas presentarle, mejor. Puedes empezar con los gatos. Asegúrate de presentarles a un gato que sea tranquilo y que ya esté acostumbrado a tener perros alrededor. Los gatos son los más fáciles de empezar. Luego puedes probar con pájaros y otros animales.

Tal vez quieras considerar un viaje a un zoológico de mascotas o a una granja cercana si permiten perros. Puedes mantener a tu cachorro con una correa y presentarle muchos otros animales, grandes y pequeños, y poco a poco se acostumbrarán a ellos. Recuerda avanzar lentamente con esto. Tu cachorro debería estar más abierto a conocer nuevos animales después de haber conocido a otros perros. Será curioso y cauteloso al principio y eso es bueno. No le presiones y muévete a su ritmo. Si lo haces, estarás bien.

4. Preséntale varios objetos, lugares y situaciones

Hay varias cosas que debe conocer lo antes posible para que no le tenga miedo en el futuro. Son objetos, lugares o experiencias simples. Debes avanzar lentamente y escuchar a tu cachorro mientras le enseñas estas cosas. A continuación, te ofrecemos una breve lista de las presentaciones que deberías hacer:

- Coches (en movimiento y parados)
- Viajar en coche (empieza brevemente, luego hazlo más largo con muchos descansos, y finalmente un largo viaje en coche sin paradas)
- Bicicletas y motos (en movimiento y paradas)
- Los centros comerciales o las calles ocupadas
- Carreteras ocupadas con muchos coches
- Diferentes suelos (hierba, alquitrán, arena, roca, baldosas, alfombras, suelos de madera, etc.)

- Sillas de ruedas o muletas y bastones
- Diferentes personas (con gafas de sol, con capucha, con paraguas, con barba, etc.)
- Grandes señales y pequeñas señales de tráfico

Estas son sólo algunas de las cosas que puedes presentarle desde el principio para que no le tenga miedo en el futuro. Hazlo lentamente y, como siempre, no fuerces a tu cachorro a hacer algo que no quiere hacer. Si está interesado o demuestra curiosidad, sigue adelante. Si no lo está, ve más despacio y sácalo de la situación.

Uso del baño

El entrenamiento en casa de tu cachorro llevará mucho tiempo. Llevará más tiempo que enseñarle un par de órdenes o sociabilizarlo. Se cree que puede llevar de 4 a 6 meses entrenar a un perro para ir al baño. Sin embargo, estas cifras dependen del entorno del perro y de la frecuencia y la intensidad del entrenamiento. Si un cachorro se traslada de una casa a otra en medio del entrenamiento para ir al baño, es posible que tengas que empezar. Lo bueno es que lo aprenderá más rápido la segunda vez. El entrenamiento para ir al baño de la manera correcta requiere paciencia y mucho compromiso, ya que lo harás con ellos todos los días.

A continuación, se indican los pasos que puedes seguir para comenzar a entrenar a tu cachorro para que haga sus necesidades:

Paso 1: Debes comenzar por mantener a tu cachorro en un área pequeña de la casa donde puedas observarlo o vigilarlo. De este modo, te aseguras de que no pueda deambular por la casa solo e ir al baño siempre que quiera. De esta forma se minimizan los accidentes. A continuación, te presentamos algunas opciones para confinar a tu cachorro:

1. Una pequeña habitación como el baño

2. En una jaula, esto es útil si estás haciendo un entrenamiento de jaula

3. En un corral para cachorros hecho de puertas para bebés

Puedes cubrir el suelo con papel de periódico o dejarlo como está si el suelo es de baldosas. Mantén el agua y la cama del cachorro en el mismo lugar para que tenga fácil acceso a ella.

Paso 2: Una vez que hayas confinado al cachorro a un espacio pequeño, puedes comenzar el entrenamiento. Lo primero que debes hacer es establecer un programa de alimentación. Debes alimentar a tu cachorro por lo menos tres veces al día a la misma hora todos los días. Tu cachorro necesita comer durante las horas de alimentación y su alimento debe ser retirado después de que termine de comer. Alimentar al cachorro de esta manera significa que sabrás exactamente cuándo necesita ir al baño.

Debes llevarlo afuera después de cada comida y esperar a que use el baño. Cuando vaya al baño, lo felicitas y actúas con mucha emoción. Esto enviará señales que le harán saber que lo que ha hecho está muy bien.

Paso 3: Hay otras ocasiones en las que deberías llevar a tu cachorro al baño para asegurarte de que entienda lo que quieres de él.

Tu cachorro debe salir a primera hora de la mañana para ir al baño. Durante las primeras semanas, es de esperar que haya tenido un accidente en medio de la noche. Esto se debe a que la vejiga aún es débil. Todavía tendrás que sacarlo para ir al baño por la mañana y a última hora de la noche antes de irse a la cama.

También deberás sacarlo durante el día cada 30 minutos a una hora. A medida que el cachorro crezca, no tendrás que hacerlo tan a menudo. También tendrás que sacarlo después de que se despierte de una siesta.

Debes anotar una lista de todas las veces que necesita ir al baño, para que tengas un control. Aquí tienes una lista para que la copies:

1. Sacarlo a primera hora de la mañana.
2. Sacarlo después de cada comida de las tres del día.
3. Saque cada 30 minutos o cada una hora durante el día.
4. Sacarlo justo antes de dormir.

Paso 4: Lleve siempre al cachorro al mismo lugar cada vez. Su olor seguirá estando ahí desde la última vez que fue. El olor lo estimulará a ir al baño en o cerca de ese lugar otra vez. Deberás permanecer con él mientras esté fuera hasta que sepa ir al baño, para asegurarte de que realmente está utilizando el baño.

Cada vez que use el baño fuera de casa, deberás elogiarlo y recompensarlo por ello. Con el tiempo, asociará la acción de ir al baño al aire libre con la recompensa y la atención positiva.

Lo último que tendrás que hacer es limpiar correctamente los accidentes que tu cachorro tenga dentro de la casa. Debes limpiarlo de manera que no guarde el olor. Tu cachorro podrá oler y recibir el estímulo lo que le hará volver a ese lugar. Debes evitar que lo haga en la casa tanto como sea posible.

Si tu cachorro tiene un accidente, no puedes castigarlo ni gritarle por ello. Cuando encuentres el accidente, probablemente sea demasiado tarde para castigarlo. No entenderá por qué lo castigas, aunque le muestres el accidente. Otra razón por la que no puedes castigarlo es porque asociará los malos sentimientos con el acto de usar el baño. Esto puede arruinar el entrenamiento por completo. Si atrapas a tu cachorro en medio de un accidente, puedes intentar detenerlo levantándolo y sacándolo fuera rápidamente. Esta es la mejor manera de evitar que ocurran accidentes y también asegurarte de que entiende qué tipo de comportamiento esperas de él.

Debes continuar siguiendo estos pasos durante toda la vida joven de tu cachorro. En unos pocos meses, tu cachorro aguantará mejor durante la noche y verás pocos o ningún accidente. No tendrás que sacarlo tan a menudo y podrás empezar a permitirle que deambule por el resto de la casa. En este momento puedes empezar a esperar a que tu cachorro vaya a la puerta por sí mismo. Este es el primer paso en el que ya te dice que quiere salir a usar el baño en lugar de sacarlo en un horario. Cuando empiece a hacer esto, no tienes que quedarte afuera con él. Siempre debes felicitarlo y recompensarlo por querer salir.

Mantienes este entrenamiento hasta que tenga al menos 6 meses de edad, pero cuanto más crezca, menos tendrás para hacer. Los primeros tres meses son los más difíciles para el entrenamiento del baño, pero los resultados valdrán la pena. Tu cachorro se sentirá más feliz y más dependiente cuando consiga controlar su salida al baño.

Comandos Simples

Si le enseñas a tu cachorro estas sencillas órdenes, tanto tu vida como el entrenamiento posterior serán mucho más fáciles. Todos estos consejos de adiestramiento implican el uso de refuerzo positivo, el sistema de recompensas y algo llamado la técnica de atracción. La técnica de atracción implica utilizar una recompensa de algún tipo para atraerlo a la posición del truco y luego darle la recompensa cuando esté en esa posición.

Si sigues los pasos, puede enseñarle cada orden a tu cachorro en una semana si tiene al menos 7 semanas de edad.

Siéntate

Esta es la primera orden que cualquier cachorro debe aprender, y hará que enseñarle cualquier otra orden y truco sea más fácil. Este truco es también el más fácil de aprender para tu cachorro utilizando el sistema de recompensas y la técnica de atracción.

Esto es lo que necesitas para empezar:

1. Un puñado de pequeñas golosinas que tu cachorro pueda comer fácil y rápidamente
2. Una zona tranquila sin distracciones
3. Una correa puede ser necesaria

Esto es lo que haces:

Paso 1: Tienes a tu cachorro parado frente a ti en una habitación tranquila con una manta o alfombra cómoda en el piso. Esto hace que la situación sea mucho más cómoda para el cachorro. No debe haber distracciones o podría arruinar la sesión. Utiliza un pequeño premio para mantener la atención de tu cachorro.

Paso 2: Lleva la golosina a un nivel bajo hasta que esté directamente frente a la cara del cachorro. Tu cachorro intentará coger la golosina de tu mano. Esto es normal y es lo que usted quiere que ocurra. Cuando vaya a buscar la golosina, levanta lentamente la golosina, por encima de su cabeza, y luego lentamente hacia él. El cachorro seguirá la golosina con la cabeza. Cuando levante la cabeza para seguir la golosina, su trasero se sentará en el suelo. Esta es la acción de sentarse que quieres de ellos.

En el momento en que estén sentados, puedes darle el premio y felicitarlo. Debes repetir este paso un par de veces hasta que estés seguro de que tu cachorro entiende el movimiento y lo hace sin esfuerzo, sin saltar por la golosina ni dudar.

Paso 3: En este punto puedes añadir la palabra de comando a la acción. En este momento, tu cachorro ha asociado la acción de sentarse con la acción de que tú levantes la golosina sobre su cabeza. Quieres que asocie la orden con la palabra de mando. Repite el paso 2, pero esta vez cuando tu cachorro entre en la posición de sentado di en voz alta y con una voz positiva y alegre: "¡Siéntate!". Si hace esto cada vez, tu cachorro comenzará a asociar la orden con la palabra y no con la acción.

Repite este paso un par de veces antes de continuar.

Paso 4: Ahora debes alejarte de la técnica de atracción y hacer que tu cachorro se siente usando sólo la orden de voz. Ten la golosina en la mano para que pueda ver su recompensa por hacer un buen trabajo. No muevas la golosina por encima de su cabeza. Simplemente diga con la misma voz alta, positiva y alegre "¡Siéntate!" Tu cachorro ya debería asociar la palabra con la acción de sentarse y la recompensa al final. Tu cachorro debe sentarse cuando se lo digas, y si lo hace debes darle la recompensa y felicitarlo.

El paso final implica eliminar por completo la presencia de la golosina. Lo ideal es que se acostumbre a la acción y a la palabra y luego hacer que lo haga, aunque no vea la golosina a la vista. Puedes hacerlo sustituyendo la golosina por otras recompensas, como elogios, caricias y juegos. Tu cachorro debe asociar el hacer lo correcto con una recompensa, pero la recompensa no tiene que ser algo que pueda comer.

La correa entra cuando quieres que tu cachorro siga la orden de sentarse, incluso cuando estás de paseo. Por el momento, has estado haciendo el truco en un área tranquila y sin distracciones. Cuando salgas a pasear habrá muchas cosas que distraerán a tu cachorro y no te escuchará cuando le digas que se siente. Si utilizas la correa durante las sesiones de entrenamiento dentro de la casa, aprenderá a asociar la correa con la orden y eso hará que sea más fácil enseñárselo durante el paseo.

Acuéstate

La posición de acostado es muy útil si no deseas que se interponga en el camino o si quieres que se calme por un momento. También es una base para algunos trucos realmente geniales que puedes enseñarles más tarde. También usarás la técnica de atracción para este truco.

Esto es lo que necesitas para empezar:

1. Un puñado de pequeñas golosinas que tu cachorro pueda comer rápida y fácilmente

2. Una zona tranquila sin distracciones

Esto es lo que tienes que hacer:

Paso 1: Empieza en un área pequeña con pocas o ninguna distracción. Sólo deben estar tú y tu cachorro en la habitación. Coloca una manta o alfombra en el suelo para que esté cómodo. Para empezar, utiliza un premio para llamar su atención. Pídele que se siente. Una vez que esté sentado, coloca el bocadillo delante de su cara, pero no lo pongas demasiado cerca para que pueda agarrarlo.

Cuando tengas la atención de tu cachorro con la golosina empieza a dirigirla hacia el suelo. Muévala lentamente hasta el suelo, luego aléjala de tu cachorro y muévela hacia tus zapatos. La cabeza del cachorro seguirá la golosina hasta que su cuerpo esté en el suelo. Tan pronto como entre en la posición de acostado, debes darle el premio, felicitarlo y acariciarlo.

Repite este paso varias veces hasta que el cachorro adopte la posición de acostado de forma rápida y fácil.

Paso 2: Ahora puedes añadir el comando a la acción. Repite el paso 1, pero esta vez cuando entre en la posición de descanso, deberás decir la orden en voz alta y con una voz alegre y positiva. "¡Acuéstate!" o sólo "¡abajo!", depende de cuál sea la que quieras. Repítelo una y otra vez para que tu cachorro empiece a asociar la palabra con la acción en lugar de con el señuelo o la golosina.

Repite este paso un par de veces.

Paso 3: Ahora quieres eliminar el premio y el señuelo. Haz que la golosina sea visible al principio, pero no la uses. En su lugar, di la orden. Si tu cachorro se acuesta cuando lo dices, entonces le das su recompensa. Intenta este paso nuevamente para asegurarte de que sabe que la palabra es igual a la acción. Al final, querrás que realice el truco con o sin la posibilidad de ver la golosina. Puedes recompensarlo si lo hace, pero quieres que lo haga incluso sin esperar recompensa de algún tipo.

Quédate

El comando de quedarse es muy útil dentro o fuera de la casa. Esta debería ser la tercera orden que le enseñes a tu cachorro. Le llevará más de una semana a tu cachorro entender la orden y quedarse, aunque tú hayas salido de la habitación o hayas caminado lejos de él. No puedes utilizar la técnica de atracción para este truco, pero puedes utilizar lo que tu cachorro sabe de las órdenes de sentarse y acostarse.

Esto es lo que necesitas para empezar:

1. Un puñado de pequeñas golosinas que tu cachorro pueda comer rápida y fácilmente.
2. Una zona tranquila sin distracciones
3. Una correa

Esto es lo que tienes que hacer:

Paso 1: Para empezar, necesitas estar a solas con tu cachorro en una habitación tranquila y sin distracciones. Colocas una manta o alfombra en el suelo para que esté cómodo. Para empezar el truco, puedes tener a tu cachorro en posición sentada o acostada. Ambas posiciones funcionan e incluso puedes probar la orden de quedarse cuando tu cachorro esté en ambas posiciones.

Con tu cachorro en la posición de sentado o acostado, empiezas delante de él con un bocadillo en la mano. La golosina llamará su atención. Di "¡quédate!" en voz alta y alegre y retrocede un paso. Espera un momento, luego repite la orden y vuelve a dar un paso atrás. Repites esta acción durante unos cinco pasos y luego esperas unos segundos. Asegúrate de mantener los ojos en él durante el proceso. Si tu cachorro no se mueve en absoluto, puedes caminar hacia él y darle su recompensa. Recuerda felicitarlo y darle la recompensa.

Repites esto un par de veces y aumenta lentamente la cantidad de pasos que das hacia atrás y la cantidad de tiempo que esperas antes de darle su recompensa. El objetivo principal es que tu cachorro no se mueva de su lugar para seguir la recompensa.

Paso 2: Una vez que haya repetido el paso 1 varias veces y no se haya movido para seguirte o para ir a por el premio, entonces es seguro seguir adelante. Ahora quieres aumentar la velocidad a la que te alejas de él. Muéstrale el bocadillo en tu mano, dile que se quede y camina hacia atrás rápidamente hasta que estés en el otro extremo de la habitación. Asegúrate de mantener el contacto visual con tu cachorro. Si no se mueve, quédate en el otro extremo de la habitación durante unos segundos. Continúas mostrándole el premio y mantienes el contacto visual mientras cuentas los segundos. Entonces podrá recompensarlo.

Intenta esto varias veces, aumentando la cantidad de tiempo que esperas en el otro extremo de la habitación antes de darle la recompensa. Incrementa el tiempo hasta que espere al menos un minuto. Puede incrementarlo más pero no será necesario en este paso.

Si tu cachorro parece que está a punto de moverse, simplemente repite la orden por él. Antes de seguir adelante, asegúrate de que se quede en un lugar durante todo el minuto sin que tengas que repetir la orden.

Paso 3: El siguiente paso implica que te traslades a una habitación más grande y repitas el paso 2. Te alejas cada vez más del cachorro y esperas más tiempo antes de recompensarlo. Necesitas asegurarte de que esté dispuesto a esperar mucho tiempo, sin importar cuán lejos llegues. El paso final consistirá en dejar al cachorro en una habitación y pedirle que se quede hasta que regreses. El punto de prueba será cuando no pueda verte a ti o a la recompensa, pero se quede porque se lo indicaste.

Cuando sea capaz de quedarse quieto en una habitación, incluso después de que hayas salido de la habitación durante al menos un minuto, podrás empezar a retirar la recompensa visible. Ahora quieres comprobar que tu cachorro cumplirá la orden, aunque no pueda ver la recompensa en tu mano. Lo hace porque quiere.

Más tarde puedes añadir una correa al truco y empezar desde el paso 1. Esto es para cuando estés paseando a tu cachorro. Dejas caer la correa y le dices que se quede, ayudará en caso de que dejes caer o pierdas la correa mientras sales a caminar. Antes de que pueda alejarse de ti, le ordenas que se quede. Esto te dará tiempo para volver a recoger la correa antes de que se escape. Prueba este movimiento lentamente, empezando en el interior y pasando por las escaleras, y luego muévete al exterior en un espacio cerrado. Pruébalo bien antes de moverte a un espacio abierto en el exterior.

Perro de circo

A todo el mundo le encanta cuando un perro puede hacer un truco divertido y genial. Puedes enseñar fácilmente a tu cachorro a hacer cosas divertidas para que puedas presumirlo con tus amigos. Asegúrate de que tu cachorro ya haya aprendido las órdenes anteriores antes de enseñarle cualquiera de estos trucos. Son sencillos y muy divertidos. A ti y a tu perro les encantará aprenderlas juntos.

Giro

Enseñar a tu cachorro a girar a la orden es realmente genial e impresionante. También es muy simple. Todo lo que tienes que hacer es usar la técnica de atracción y repetirla una y otra vez hasta que tu cachorro lo consiga.

Esto es lo que necesitas para empezar:

1. Un puñado de pequeñas golosinas que tu cachorro pueda comer fácil y rápidamente
2. Una habitación tranquila y sin distracciones
3. La orden de sentarse

Esto es lo que hay que hacer:

Paso 1: Empieza en una habitación pequeña con sólo tú y tu cachorro y pon una manta o alfombra en el suelo. Es más fácil si tu cachorro sabe cómo sentarse, porque así es como iniciará el truco. Se sentirá más seguro si empiezas con algo que conoce.

Cuando esté sentado, toma un bocadillo en tu mano y enséñaselo. Sujétalo delante de su cara y cuando se mueva para obtenerlo, quítale la golosina. Debes trazar con la golosina un círculo mientras la mantienes delante de su cara. Se levantará y seguirá la golosina. Si utilizas el señuelo correctamente, tu cachorro seguirá la golosina y girará en su lugar. Si lo hace, ordénale que se siente y al final le das la golosina. Recuerda elogiarlo y acariciarlo. Haz un gran alboroto para que tu cachorro se sienta entusiasmado de volver a hacerlo.

Repite este paso varias veces.

Paso 2: Ahora quieres añadir la orden verbal al truco. Esto es muy fácil de hacer. Repite el paso 1 de nuevo, pero esta vez, justo antes de usar el señuelo para que tu cachorro gire en su lugar, di tu orden verbal. La orden verbal puede ser cualquier cosa. Puedes decir "gira", que es simple, o puedes decir algo como "perro de circo". No importa lo que elijas, siempre y cuando le enseñes a tu cachorro a asociar la palabra con la acción.

Repite este paso varias veces antes de continuar.

Paso 3: Tu cachorro debe estar acostumbrado a la acción y a la palabra asociada a ella antes de pasar a este paso. Ahora quieres quitar el señuelo. Sujeta la golosina para que tu cachorro pueda verla y dile que gire. Si no lo hace inmediatamente, imita la acción del señuelo por encima de su cabeza, pero no demasiado cerca de él. Tu cachorro ha asociado el movimiento del señuelo con el truco, por lo que es posible que necesite verlo de nuevo. Imita la acción en el aire rápidamente mientras repites la orden. Si lo hace, recompénsalo. Si no lo hace, entonces debes volver al paso 2.

El objetivo es eliminar el premio visible y la acción del señuelo. Eventualmente quieres que tu perro gire cuando se lo pidas, no importa qué. Si deseas que tu cachorro gire en ambas direcciones, tendrás que enseñarle cada dirección de una en una. Para ello, es posible que tenga que mantener el movimiento del señuelo en el aire para que su cachorro no se confunda con la dirección en la que quiere que gire.

Rueda

Este es un truco muy lindo y simple que puedes enseñarle a tu cachorro. Si tu cachorro aprende este truco, puedes enseñarle a jugar al muerto y otros trucos similares también. Tienes que empezar con este primero. Tu cachorro debe saber cómo acostarse antes de aprender este truco.

Esto es lo que necesitas para empezar:

1. Un puñado de pequeñas golosinas que tu cachorro pueda comer rápida y fácilmente.

2. Una habitación tranquila y sin distracciones

3. La orden de acostarse

Así es como lo haces:

Paso 1: Empieza en una habitación libre de distracciones con sólo tú y tu cachorro. Coloca una manta o alfombra en el suelo. Tu cachorro necesita saber la posición en la que se acuesta para realizar este truco, ya que es parte de él.

Tienes la golosina en la mano y le pides que se acueste. Cuando lo haga, te pones de rodillas y sostienes la golosina frente a su cara. Mueves la golosina ligeramente hacia un lado, luego hacia arriba un poco, y por encima de la cabeza hasta el otro lado. Mueve la golosina lentamente para que pueda seguirla.

Si lo haces correctamente, tu cachorro seguirá la golosina con la cabeza, lo que hará que se dé la vuelta y ruede hacia el otro lado. Sigue moviendo la golosina hasta que vuelva a la posición de acostado y entonces podrás recompensarlo.

Repite este paso un par de veces hasta que el movimiento sea fácil para él. Si tiene dificultades para darse la vuelta, puedes ayudarle dándole un pequeño empujón en el costado.

Paso 2: Cuando el movimiento le sea fácil de realizar, añades la orden verbal al truco. Repitiendo el paso 1, pero esta vez antes de usar el señuelo puedes decir la orden. De nuevo, esto puede ser lo que quieras. Por ahora usaremos la palabra "rueda".

Repites el paso 1 con el comando verbal un par de veces. Este es un truco más difícil que los anteriores. Por lo tanto, tendrás que repetirlo más veces para asegurarte de que tu cachorro lo entienda. Sabrás que entiende el truco si puede darse la vuelta fácilmente cada vez que se lo pidas. Si se esfuerza y necesita ayuda, debes seguir intentándolo.

Paso 3: Puedes pasar al tercer paso, que es eliminar la técnica de atracción y utilizar sólo la orden verbal para que tu cachorro realice el truco. Para empezar, le muestras al cachorro la golosina para que sepa para qué está haciendo el truco. Una vez más, es posible que también tengas que utilizar la acción del señuelo para asegurarte de que entienda lo que quieres de él.

Los cachorros son más inteligentes de lo que crees y, con el tiempo, comprenderá el truco. Algunos cachorros pueden necesitar más tiempo y práctica antes de que consigan hacer el truco correctamente. Debes seguir practicando y practicando tanto como sea posible.

Cuerpo a Tierra

Este truco es realmente genial y tierno. A ti y a tu cachorro les encantará aprender este truco juntos. Tu cachorro necesitará saber la orden de acostarse para poder aprender este truco.

Esto es lo que tienes que hacer:

1. Un puñado de golosinas pequeñas que tu cachorro pueda comer fácil y rápidamente
2. Una habitación tranquila y sin distracciones
3. La orden de acostarse

Así es como lo haces:

Paso 1: Debes empezar en una habitación tranquila y sin distracciones, sólo tú y tu cachorro. Colocas una manta o alfombra en el suelo para que esté cómodo. Tu cachorro comenzará el truco en la posición de acostado.

Cuando esté acostado, te arrodillas delante de él. Coloca un bocadillo delante de su cara. Cuando vaya por el bocadillo, aléjalo lentamente de él, manteniéndolo cerca del suelo para que no se vea tentado a levantarse. Tu cachorro seguirá la golosina arrastrándose por el suelo mientras te alejas. Asegúrate de que lo mueves lentamente y no demasiado lejos al principio. Después de que se arrastre un poco hacia delante, lo recompensas.

Repites este paso un par de veces antes de seguir adelante. A tu cachorro le resultará más fácil este truco que los demás.

Paso 2: Cuando tu cachorro realice el gateo con facilidad y felizmente, entonces puedes pasar a agregar la orden verbal. Puedes usar cualquier orden que quieras. Algunas de las órdenes favoritas son "niño soldado o niña soldado", "cuerpo a tierra" o simplemente "gatea".

Una vez que tengas el comando verbal que quieres usar puedes avanzar. Repites el paso 1 añadiendo la orden verbal justo antes de que empiece a gatear hacia delante. Puedes hacerlo varias veces para asegurarte de que tu cachorro asocie la palabra con la acción.

Paso 3: Después de un tiempo, tu cachorro debería ser capaz de asociar la orden verbal con la acción para que puedas intentar quitar el señuelo. Muéstrale la golosina y utiliza la orden verbal. Si lo hace, podrás darle su recompensa. Si no lo hace, vuelves al paso 2 o intentas imitar la acción del señuelo rápidamente para recordarle lo que quieres de él.

Este truco es en realidad bastante fácil de hacer para los cachorros. No te sorprendas si tu cachorro es capaz de realizarlo después de sólo unos pocos intentos. También está bien si le cuesta hacerlo. Eso significa que sólo necesita práctica y paciencia. Con el tiempo, sacará el truco.

Al final, querrás que se arrastre por el suelo sin necesidad de ver una recompensa o un premio, sino simplemente porque se lo pides a través de una orden verbal.

Hay muchos otros trucos que puedes enseñarle a tu cachorro, pero esto es sólo el comienzo. Recuerda que cada truco que le vayas a enseñar necesita primero las tres órdenes básicas. Si tu cachorro conoce esas tres órdenes, podrá aprender cualquier truco que quieras enseñarle.

Si Disfrutaste de este Libro de Alguna Manera, ¡Una Crítica Honesta es Siempre Apreciada!